OHSAMA BUNKO

# 本当は怖い世界史
## 戦慄篇

堀江宏樹



三笠書房

はじめに……

# 歴史を動かした〝戦慄の瞬間〟に迫る

その**人間の〝本当の姿〟がむき出しになってしまう瞬間**があります。

ふだんは理知的に振る舞っているつもり、表面上はキレイに取り繕《つくろ》っているつもりでも――ふとした瞬間に、愚《おろ》かで薄暗い本質が、包み隠せなくなるのです。

**世界の歴史が動いたのは、そうした〝人間の本性〟が、大きくあらわになってしまったタイミングでのこと**でした。

そんな戦慄《せんりつ》の瞬間……たとえば、フランスの英雄ナポレオンは、一軍人から名を上げ、皇帝という最高の地位につきました。しかしその一方で、占い師たちに依存し、自分にとって都合の悪い予言は露骨《ろこつ》に恐れ、遠ざけようとしていたのです。

栄光の極みに身を置いていたからこそ、**いつかその座から転がり落ちる〝自分の未来〟を恐れていた**のでしょう。そしてその不吉な「失脚《しっきゃく》」の予言の数々は、現実のものとなっていきます。

あるいは、「処女王」と讃《たた》えられたエリザベス1世のいとこにあたる、16世紀のスコットランド女王メアリー・スチュアートは、その美貌と悲劇的な死から美化されがちですが、男の腕から男の腕へと渡り歩いたという、裏の顔がありました。

彼女は、一国の女王として君臨するだけの**自らの資質のなさを補《おぎな》いたいがために、男性を必要としていました**。そのために男女の愛憎劇が繰り広げられ、反乱を呼び、遂には自らが処刑されることになる道筋までを、作り出してしまったのです。

また、アメリカ国民に熱烈に支持されていた、あのJ・F・ケネディ大統領も、快活なパブリックイメージとは裏腹に、内なる大きな闇をかかえていた人物でした。

**「常にナンバー・ワンでいなければならない」**という信条、そして**「常に男らしく勇敢でいなければならない」**という思想——そうした彼の考え方が、あのパレードでの暗殺を防げなかった遠因になった、といっても過言ではないのです。

そう、**〝歴史の引き金〟を引いたのは、いつも人間の心の闇だった**のです。

そんな世界史の「本当は怖い話」には、様々な登場人物が次々に現われます。

自らの欲望を、現実のものにしようとした男たち。

世界史ならではの、スケールの大きな悪女たち。

研究のために命を燃やした、研究者や科学者。

とんでもない悲劇に〝運悪く〟巻き込まれた人々。

高い身分に生まれ、何不自由なく過ごし、それゆえに人間としてのバランスを崩してしまった人たち……。

しかし、その主人公たちの多くは、あるときまでは、何事もなく平穏無事な人生を歩んでいたかのように〝見えていた〟人たちばかりなのです。
それが**ある瞬間、何かの刺激をきっかけに、〝暗い本性〟が白日《はくじつ》の下に晒《さら》され、恐怖の世界に転がり込んでしまった**のでした。

「恐怖の歴史」は、今日もまた終わることなく続いているのです。

そんな奈落《ならく》へと続くドアを、本書ではうっすらと開いて、お目にかけましょう。

堀江宏樹

もくじ



# 1章 あの人物の「隠していた闇」が深い
## ——虚飾をはぎとられた〝真の姿〟

## 2章 その「悲劇」は、なぜ起こったか

### ――〝運命の歯車〟が狂った瞬間



## 3章 人は、「欲望」から逃れられない

### ――それゆえに〝あやまち〟は起こり続ける

# 4章 「生まれる時代」を選べぬ不幸
## ――因習、無知、病……想像を超える恐怖

# 5章

# 不安と秘密が、「謎」を生み出す

## ——誰かが隠そうとしたこと、逃げようとしたこと

# 6章 人間はここまで残酷になれてしまう

## ——心に“魔物”を飼っていた人々



イラスト◎にしざかひろみ

# 1章

# あの人物の「隠していた闇」が深い

## ——虚飾をはぎとられた〝真の姿〟

# 人類最高の天才・アインシュタインは〝ソ連の女スパイ〟に熱をあげていた？

「重力が光や時間に影響する」と唱《とな》えた「相対性理論」。

この理論の発見によって、アルバート・アインシュタインは、20世紀でもっとも有名な物理学者となります。

しかし、その発見時の彼はまだ、才能も業績も学会からまったく認められておらず、研究者として大学に就職することすらできていませんでした。スイスのベルンにあった特許局に勤《つと》め、なんとか生活の糧《かて》を得ていたのです。

しかし1907年11月のある日、退屈な勤務中に彼は突然、ひらめきました。

「私はベルンの特許局のイスに座っていて、そのとき、まったく突然、ある考え、すなわち『**もし人が自由落下すれば、自分の重さを感じないだろうという考え**』が浮かんだ」

勤務中に、自分の座っているイスの置かれた床が消え去り、奈落へと無限に落ちていく人間の姿を思いつくとは……。当時の彼が相当に追い詰められていたのがわかってしまうようです。

## プライベートでは〝都合が悪くなると逃げる〟タイプ

そんなアインシュタインは、おしゃべりで明るい人物のようでありながら、自分に都合の悪い事態に直面すると、内に閉じこもってしまうクセがありました。

彼の場合、おうおうにして物理学の研究をすることが、現実からの逃避になりました。また、アインシュタインには、男尊女卑の傾向が強くありました。

彼はのちに運命の妻となる大学の友人女性・ミレヴァから「妊娠したかもしれない」と告げられた直後の時期にも、特異と思える対応をしています。

まだお互いに物理学を学ぶ大学生で、結婚も具体的に考えていない時期の妊娠は、ミレヴァとアインシュタイン2人の人生に大きな影響を与える出来事です。

しかしそのときも、アインシュタインはまともにとりあいませんでした。心配になったミレヴァは、2人の今後について相談する手紙を書いてきたようです。

それに対しアインシュタインは、

**「元気を出して（略）そして心配しないで。何が起ころうと、きみは僕の愛する素晴らしい恋人なんだから」**とだけ書くと、

**「僕は自分の熱電気理論にあまり満足していないんだ」**

と手紙の話題をずらしてしまったのでした。

とくに悪意はなく、婚約すらしていない「自分の恋人の妊娠」よりも、「自分の熱電気理論」のほうが、彼にとっては重要事だったのかもしれませんが……。

ミレヴァとアインシュタインは1903年、スイスのベルンで結婚しました。

10年ほどにおよぶミレヴァとの結婚生活は実に不幸なものでした。アインシュタインの浮気――女性関係が酷《ひど》かったのです。

やがてアインシュタインは彼のいとこのエルザと、浮気どころか本気の関係になってしまいます。アインシュタインは、ミレヴァと不仲になるにつれ、大学で物理を学んでいた彼女のような「知的な女性」全般を嫌うようになりました。

さらにアインシュタインはノイローゼになった妻に少なからぬ回数、手をあげまし

た。こんな両親のいがみ合いを見ながら育った彼らの子どもたちは、心に深い闇をかかえます。とくに次男エデュアルドは、深刻な精神病となりました。

## 「ノーベル賞の賞金で、離婚の慰謝料を払う」と発言

やがて具体的に、離婚が取りざたされることになります。

アインシュタインはミレヴァと長い裁判の末に離婚し、彼女に慰謝料を払わねばならなくなりますが、「手元に金がないのでノーベル賞の賞金で払う」と約束します。ただし、このときノーベル賞をアインシュタインはまだとっていません。あくまで自分の中で〝とる予定〟なだけだったのです。それでもミレヴァは了承してくれました。

1922年、アインシュタインは本当にノーベル物理学賞を受賞します（ちなみに受賞理由は相対性理論ではありませんでした）。

慰謝料も無事、払うことができました。さすがに踏み倒さないだけの良心はあったようです。

アインシュタインは、例の愛人・エルザと1919年6月2日に正式に結婚しまし

たが……彼の2回目の結婚生活もまた、アインシュタインのたび重なる浮気によって常に破綻《はたん》寸前でした。

## 「原爆」という最悪の切り札の製造を進言

1933年、ナチス・ドイツが台頭し、ユダヤ系のアインシュタインはベルリンからアメリカへの移住を決意します。

第二次世界大戦が勃発《ぼっぱつ》した1939年、アインシュタインはアメリカ大統領フランクリン・ルーズベルトに宛《あ》てて**「ドイツより先にアメリカが原子爆弾を製造する必要性」**を説いた手紙1通、さらに「原爆使用時のルール」について熟考しているレオ・シラードという物理学者を紹介する1通を送りつけました。

ただし、アインシュタインは**原爆はあくまでナチス・ドイツへの脅《おど》しであると考え、実際に原爆がどのような形をとるようになるかという具体的な考えはなかった**……とされています。しかし第二次世界大戦が長引くにつれ、彼の中で、ドイツへの憎しみが増大していきました。

「実に不快な伝統のせいでドイツ人はひどくむちゃくちゃな国民なので（略）、戦争が終わったときには、神の情け深い助けにより、彼らが互いに殺しあって、あらかた滅んでいるように望んでやまない」

……これが1942年の夏に書かれたアインシュタインの恐るべき本音でした。

彼はついに具体的な行動に移ります。1日25ドルのコンサル料で、アメリカ海軍に勤め、「爆発に関する理論的研究」を開始し、息子たちにも軍への協力を命じました。

アインシュタインの協力もあって完成した原爆は1945年8月、日本に2発も落とされ、未曾有《みぞう》の悲劇を生みました。

その惨状にはさすがにショックを受けたのでしょう。第二次世界大戦後のアインシュタインは**「どんな形にせよ、自分は軍部のために働いたことはない」**などと事実とはまったく異なる発言を続け、過激なまでの平和主義者に生まれ変わるという変節《へんせつ》ぶりを見せたのです。

## 5年間も〝ソ連の女スパイ〟と蜜月をともに……

第二次世界大戦前後のアインシュタインの言動は、極めて不安定でした。思えば1

936年にアインシュタインの妻・エルザは死去しています。同時に、彼は恋愛を自由にできる独身に戻っていたのですが、そこに注目したのがソ連でした。

1940年代はじめに出会って以来、45年までの約5年間、**アインシュタインはソ連の女スパイだったマルガリータ・コネンコワに惚《ほ》れ込んでいた**といいます。

出会った当時、コネンコワは46歳くらい、アインシュタインは61歳という熟年カップルでした。そしてアインシュタインがアメリカ軍の原爆研究に加担している、ちょうどその時期の話です。なんと危険な関係でしょうか！

コネンコワの表の身分は亡命ロシア人。元・弁護士にして5カ国語に堪能《たんのう》という知的な女性で、彫刻家セルゲイ・コネンコフの妻という既婚者です。

しかしそんな彼女には、**アメリカの男性科学者の心身をたらし込み、当時のソ連の科学技術だけでは開発できなかった原爆についての「情報」をえたり、彼らをソ連に連れて行く任務が課《か》されていた**のだそうです。

アインシュタインはソ連の思惑通り、コネンコワにベタ惚れとなったため、彼女のハニートラップに落ちたように見えます。しかし結果的に彼女は何ひとつ、具体的な

アインシュタインとソ連の女スパイ・コネンコワ

成果をあげることができませんでした。

その理由は、よくいえば、アインシュタインが恋愛と仕事をキッチリと分けていたからでしょうが、悪くいえば彼が女性を内心、小バカにしており、女性と知的な話はしたがらなかった性質のせいです。

それが偶然、彼と世界を守ったにすぎないのです。アインシュタインがコネンコワの正体を見抜いていたからではありません。

コネンコワは自分が情報を引き出せないなら、彼をモスクワに連れて行くしかないと思ったらしく、**「ソ連にはあなたと帰りたい」**とまで言ったそうですが、共産主義嫌いのアインシュタインはそれも拒絶しました。

こうしてコネンコワが任務に失敗し、失

意のうちにソ連に帰国した翌年になっても、66歳のアインシュタインは、**「あなたが洗ってくれたようには、自分で髪を上手に洗うことができません」**などと甘えた〝ラブレター〟を、嬉々として彼女に送り続けていました。

アインシュタインのように、人間としてはあまり感心できない天才科学者ほど、人類にとっての脅威はないと思われてなりません。

先に挙げたラブレターの一部は1998年に公開され、世界中の良識ある人々を嘆かせました。アインシュタインがもし、もう少しでも色ボケして、女スパイに――その先のソ連に核兵器に関する情報を漏《も》らしてしまっていたら……世界の平和は保たれていなかったかもしれない、という恐るべき過去が明らかになったのです。

アインシュタインの頭脳をもってしても、溺愛《できあい》した女性がスパイだったという事実を見抜くことはできなかったのですね。男女の恋仲は、物理の法則外ともいえるでしょうか。

# 古代エジプト最大のミステリー ツタンカーメンはなぜ命を落としたか

紀元前14世紀、古代エジプト第18王朝のファラオだったツタンカーメンが数千年の沈黙を破り、歴史に再び姿を現わしたのが1922年のこと。

しかし、いまだに彼の死因すら確実な形では特定されていないのです。ツタンカーメンの謎《なぞ》に取り憑《つ》かれた人々は少しでも真相に近付こうと、もがいています。

## ミイラと埋葬品が語ること

2010年、アメリカの医学誌『ジャーナル・オブ・ジ・アメリカン・メディカル・アソシエーション』で発表され、今や世界中に受け入れられているツタンカーメンの死因にまつわる説は、次の通りです。

**「近親《きんしん》結婚の末に生まれたツタンカーメンは生まれながらに病弱で、大腿骨《だいたいこつ》骨折の事**

**故で倒れた。そこで蚊《か》に刺《さ》されて、マラリアにもかかって死んだ。彼の墓に大量の杖《つえ》があったのは、足が悪い彼が歩行のために用いていたものだ」**

このストーリーは「いかにもそれらしい」怪しさがあり、魅力的です。しかし実証性に欠けているといわざるをえないのですね。

まず、遺伝子調査の有効性に疑問が残ります。「王家の谷」のあるエジプトの灼熱《しゃくねつ》の砂漠という悪環境では、ミイラの遺伝子は500年ほどで壊れてしまうものです。

また実は、ツタンカーメンが、エジプト王家にありがちな近親結婚による子どもだった、と言い切れる証拠が必ずしもあるわけでもありません（経歴、家系図によくわからない部分が多いのです）。

さらに、大量の杖は、それに頼らなければ彼が歩けなかったというよりも「ファラオの権力の象徴」として埋葬《まいそう》されていたものだと考古学では考えられるのです。

そもそも、ツタンカーメン以外の古代エジプトの権力者の墓のほとんどは、大規模な盗掘《とうくつ》を受けた後に「発見」されているため、埋葬当時の状態とはかけ離れてしまっています。そのため、ツタンカーメンの墓で見られる事例以外から、当時のファラオの〝一般的な埋葬方法〟を知る術《すべ》はないのです……。

## ツタンカーメンは本当に〝生まれつき病弱〟だったのか？

それでは、科学調査ではなく、状況証拠からの推理で、ツタンカーメンの謎に迫ってみましょう。

**ツタンカーメンの棺《ひつぎ》には、彼がシリア軍と雄々《おお》しく戦う姿が、カラフルに刻み込まれていました。**またツタンカーメン自身が命令して彫《ほ》らせたという記録のあるレリーフ（のちにルクソール神殿前の建物にも転用されていた）にも、彼がシリアにおもむき、戦車に乗ってエジプト軍を指揮《しき》して敵軍と戦う姿が刻み込まれているのです。

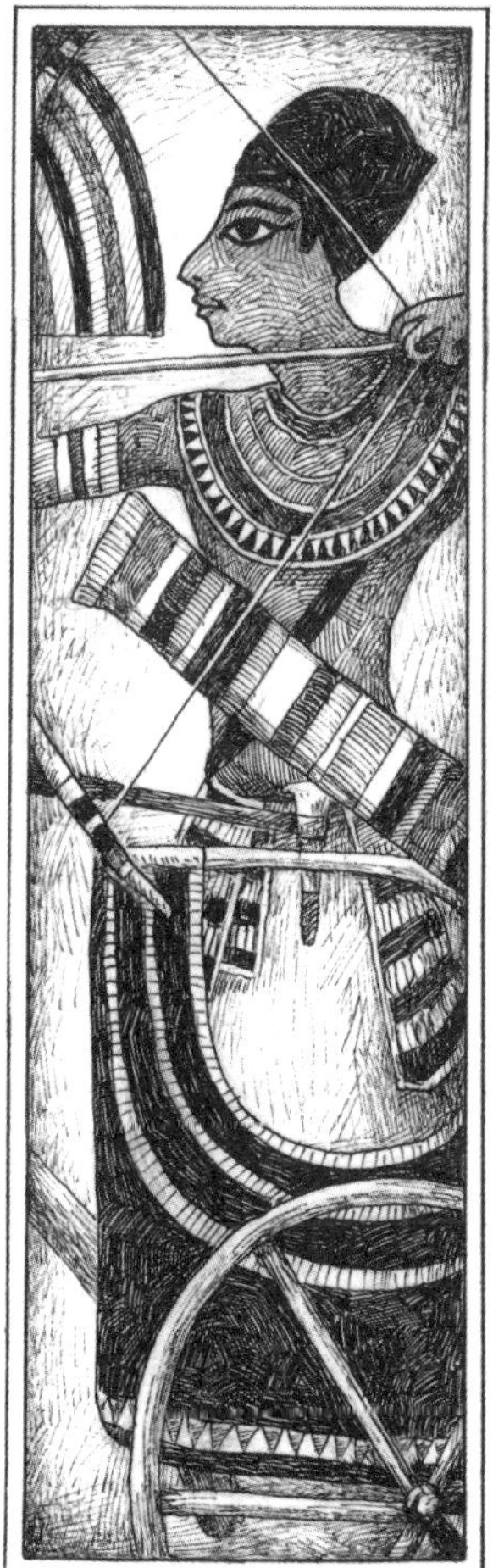

戦車に乗って戦う軍人というモチーフを、ツタンカーメン自身が気に入っていた。そして、彼の周囲もそれを王のイメージとして認めていた――。この2点からすると、実際の彼は病弱どころか、19歳くらいで亡くなるまで、アグレッシブな若武者だった可能性のほうが高いのではないでしょうか。

また、ツタンカーメンのミイラの大腿骨はなぜか骨折しているのですが、脚の骨折は横に折れるケースが多い中、ツタンカーメンの場合は縦《たて》に割れているという珍しいケースであることもポイントです。

これは「回旋骨折《かいせんこっせつ》」といわれるもので、現代ではスキー中に多く起こる骨折（たとえば猛スピードで滑っていたのに、足首を雪にとられ、転倒したような場合に起こる）で、日常生活の中での骨折とは質が異なります。

ツタンカーメンの場合は**戦車など高所から転落、その直後に別の戦車に轢《ひ》かれるか、あるいは馬に踏まれるなどして、大腿骨が変な方向にボキッと折れてしまった**のかもしれませんね。

注目すべきミイラの特徴は他にもあります。

実はツタンカーメンのミイラの胸部には、原因不明の大きな穴が空《あ》いており、肋骨《ろっこつ》の一部も切断されてなくなっていました。その切断面が滑《なめ》らかな状態であることから、骨折は死の直前に起こったとわかります。

ここからも、彼の死因が**事故死だった可能性は高い**と判断できるのです。

## 民衆の手によって神殿を荒らされた両親

ところが……ミイラや彼の遺物だけではなく、歴史の流れの中でツタンカーメンという王を見た場合、見逃せない恐ろしい事実があります。

ツタンカーメンの父であると推測されているアメンホテプ4世は、エジプトの歴史の中ではまれなほど、変革志向の強い人物でした。

彼は当初、王家を揺《ゆ》るがすほどの勢力を誇っていた神官団から権力を奪いとるため、主祭神を太陽神アモンから、アテンという別の太陽神にしてしまいました。さらに、**アテンを唯一神としてまつるため、別の神々の神殿はなんと破壊**までさせてしまいました。

都そのものも、テーベからナイル川を約277キロも下ったアケトアテンに遷都《せんと》してしまっています。

アテン崇拝は一説によると、人類史上初の唯一神崇拝で、従来のエジプトの宗教観・死生観を覆《くつがえ》す要素を含んでいました。「来世の存在」が否定されているのです。このため現世は貧しくても来世こそは……と願う庶民たちから、アテン崇拝は嫌悪されました。

アメンホテプ4世の死後、王家は都をテーベに戻しています。

しかし、**彼をまつった神殿内部は怒れる民衆の手によって荒らされ、石壁に描かれたり、彫られたりしていた彼の姿は削《けず》りとられてしまいました。**これは、死者である彼を「侮辱《ぶじょく》」するための行為だったのです……。

このように民衆から憎まれたアメンホテプ4世は、ファラオでありながら正確な生没年すらわからない状況になっているのです。

アメンホテプ4世の死後、彼の美しい妻だったネフェルティティ王妃が、スメンクカーラー（ネフェルティティの共同統治者という説もあり）、ネフェルネフェルウアテンと2回にわたって名前を変えて即位したともいわれています。

しかし、ネフェルティティ王妃も、おさまらぬ混乱の中で若くして死去したようです。彼女に関する信頼できる史料は、アメンホテプ4世の場合と同じように、怒れる民衆の手によって消滅させられてしまいました。

古代エジプトでは、**生前には絶対権力者であったとしても、民衆に慕《した》われていなければ、死後にはミイラとなった遺体や神殿が破壊され、「生きた証《あかし》」がまるごと消し去られてしまう**恐れが、頻繁にあったのでした。

## ツタンカーメンは〝よき王者〟として君臨していた？

王位を継いだツタンカーメンは、父母の遺志と旧勢力との折り合いをつけることに腐心《ふしん》することとなりました。そしてご存じの通り、19歳で若すぎる謎の死を遂げているのです。このため、ツタンカーメンには暗殺説がつきまとうことになりました。

ちなみにツタンカーメンの妻・アンケセナーメンのものと思われる墓が「王家の谷」で発見されたのが2010年のこと。奇跡的にほぼ無傷の状態で見つかったツタンカーメンの墓から遅れること、100年あまりのちのことでした。

アンケセナーメンの墓は例によってすでに荒らされており、彼女のミイラは無惨《むざん》にも棺から抜き出され、代わりに石が詰められるなどしていました。棺も黒く塗りつぶされるなど冒瀆《ぼうとく》されていたのです。

**古代エジプト人にとって、ミイラは甦《よみがえ》りのために必要な大切なものです。そのミイラや副葬品、そして墓を荒らすことは、最大の呪《のろ》いだといわれます。**

ツタンカーメンの墓も無傷で見つかったとされていますが、実際のところは「ほぼ無傷」だったにすぎず、宝石類の中で奪われたと思われるものが多少ありました。

しかし、**ツタンカーメン自身は、少なくとも父・アメンホテプ4世やその妻のように民衆から憎まれてはいなかった**のではないかと、筆者には思われるのです。

泥棒たちがツタンカーメンの墓を発見しながらも、彼の家族の墓のようには荒らされなかったのが、そう考えられる最大の根拠です。

## 胸部の〝不自然な穴〟が示すこと

ただし、やはり見逃せないのは、そんなツタンカーメンのミイラに見られる異変です。先述の通り、胸部に大きな穴が空いていたり、大腿骨が縦方向に割れるという珍しい形の骨折をしていたりする点です。

これらの不自然な穴や骨折が、なぜあるのか――。

もしかすると、**ミイラ職人によってひそかに、遺体が冒瀆された……もしくは事故死だったにせよ、その傷跡を満足に修復しようともせず、ファラオのものとは思えないほど、故意に雑なミイラ作りを行なった可能性**も否定はできないのです。

おぞましい話ですが、古代ギリシャの歴史家ヘロドトスは、エジプトの高貴な女性の死体が、ミイラ職人によって死姦されたというケースを書き残しています。ファラオの遺体にも、ミイラ職人らの手によって、なんらかの暴力が加えられていても、おかしくはないのですね。

当時の職人たちは、布を巻いて「仕上げた」ツタンカーメンのミイラが、遠い未来、徹底的に科学調査されてしまうなんて、夢にも思わなかったでしょうから……。

いずれにせよ、われわれがツタンカーメンというファラオについて知ることができるのはこれですべてだと思われます。彼は永遠に、謎のままなのです。

# 英雄ナポレオンが、ひそかに恐れてやまなかったもの

フランス領だったコルシカ島の貧乏貴族の家に生まれ、フランス本国で軍人となってからは連戦連勝、遂にフランス皇帝にまで成り上がったナポレオン。

一時はヨーロッパ全土を席巻《せっけん》、ロシア帝国にまで攻《せ》め入ります。

しかし、凍《い》てつくロシアの冬の寒さは想定外だったようで敗走。それ以降、彼の運勢は大きくかたむき、１８１５年以降、最晩年の６年あまりをイギリス領セント＝ヘレナ島の城館に幽閉《ゆうへい》されたまま過ごしました。

当時のナポレオンとその側近たちの言行録《げんこうろく》として有名な『セント＝ヘレナ覚書』には、ナポレオンが自分の運命をどう考えていたのかをうかがい知る、興味深い記述があります。

覚書の著者のラス・カーズ伯爵によると１８１６年７月22日、ナポレオンたちは部

屋の中で、予言や占いについて熱心に語りあっていました。

しかしナポレオンは、予言や占いなんてものはすべて「いかさま」であり、信じないと断言しています。

**「いかさま師（＝占い師たち）はみな、おおいに心霊的なことを言う。（略）ただ、結論は誤《あやま》っている。事実が欠けているからだ」**

と主張するナポレオン。占いは占いにすぎず、それは事実ではないとでも言いたいのでしょうか。自分は「予言など信じない」とも断言しているのですが、ラス・カーズ伯爵は、このときのナポレオンがいつになく「多弁《たべん》」だったとも証言しています。

人が多弁になる場合……それは、その話題が自分にとっての懸念事項だからでしょう。逆にいえば、**ナポレオンは自分の没落《ぼつらく》を予言する言葉を数多く聞いており、それが気になって仕方なかった**のでしょう。

伝説的な存在だったナポレオンの場合、生前の18世紀後半から様々な人々によって「回想録」のたぐいが編まれはじめます。その中には、おそらく当局の手で処分されたためか断片的になってしまっている記録にせよ、占い師の手によるものも残されています。

## 出世の予言も、そしてまた没落の予言も……

中でも興味深いのが、1795年に訪ねてきたナポレオンに**「彼の行く末のすべて」**を正確に伝えたボナヴァンテュール・ギュイヨンという人物のエピソードです。

元はベネディクト会の修道士だったという彼は、ナポレオンの出世の糸口となった「ブリュメール18日のクーデター」の成功を予言。

その後は「エジプト学院の東洋学者」として取り立てられ、ナポレオンの住居だったテュイルリー宮殿内に居室《きょしつ》を与えられたとされます。これは、ギュイヨンの占いにナポレオンが依存していたからに他なりません。

ちなみに……西洋の占いは古代エジプトかシュメールで発祥したと考えられており、1798年8月12日、**エジプト遠征時のナポレオンは、当時からスピリチュアルな建造物だと考えられていたクフ王の大ピラミッドに強い興味を示しました。**

クフ王のピラミッド内の「王の部屋」で一晩を過ごし、自分の未来を予言する幻《まぼろし》を見て真っ青になったという話さえもありますが、おそらくはこれは誤伝です。実際のナポレオンは、クフ王のピラミッドを自ら指揮して測量してまわっていただけだそうです。

1805年にギュイヨンが亡くなると、彼の遺骸《いがい》は名声ある人物にもかかわらず、なぜか秘密裏に埋葬され、関係文書もほぼすべてが焼却されたといいます。

これは筆者の推測ですが、**ナポレオンの没落を予言してしまったギュイヨンはナポレオンに疎《うと》まれ、消されてしまった**のかもしれません……。

## のちに妻となるジョゼフィーヌに、女占い師が告げたこと

もう1人、ナポレオンと密接に関わったことで出世した一方、恐ろしい体験もした女占い師がいました。マリー＝アンヌ・アデライード・ルノルマン、いわゆるマダム・ルノルマンです。

1772年にフランス西部アランソンの商人の家に生まれた彼女は、1790年にパリに出て下着店の販売員になります。やがてはフラメルモンというパン屋の愛人として囲われ、彼から「吉兆占い」なるものを習得し、次第に人気を得ていったそうですが……1794年5月7日、「彼女の占いは世間を惑わせる」との理由でルノルマンは逮捕され、プティット・フォルス監獄《かんごく》に投獄されています。

しかし、ルノルマンいわく「わざと捕まって」、**同じ監獄にいたマリー・アントワネットや、その親友のランバル大公妃をはじめとする女官たちの「心の慰《なぐさ》めとなって差し上げていた」**のだとか……。ランバル大公妃の部屋の真上の階段で、お告げの言葉も伝えたそうですよ。

逮捕から2カ月後の7月に釈放されたルノルマンは、この手の宣伝活動を繰り広げ、ナポレオンとの結婚を考えていた時期のジョゼフィーヌの訪問を受けました。

「私の恋する男は、コルシカ生まれの背の低い将校です。財産もなく、おそらく将来性もありません」

と嘆くジョゼフィーヌに、ルノルマンは、

**「あなたの小さな将校殿は、最高の未来を約束されています。でも気を付けて。この栄光はつかの間のものであり、あなたはご自身の愛情ゆえに、多くの涙を流すことになるでしょう」**

と伝えたそうです。

1796年、彼らは本当に結婚しました。そして結婚後は、いうまでもなくナポレオンは出世の階段を上っていきます。

そして警察大臣ジョゼフ・フーシェの報告書によると、ジョゼフィーヌやナポレオンだけでなく、彼らの親族全員がルノルマンのもとを訪れはじめます。ルノルマンは、高級住宅地の「トゥルノン街5番地」に豪勢かつミステリアスな内装の館を構え、上流階級の顧客たちから「年間2万フラン以上」もの収入を得ていたとか。

当時の「平均的な賃金労働者」の年収は120フラン程度。そんな中、ルノルマンの小規模な「小さな占い」は6フラン、手の込んだ「大きな占い」は30フラン。

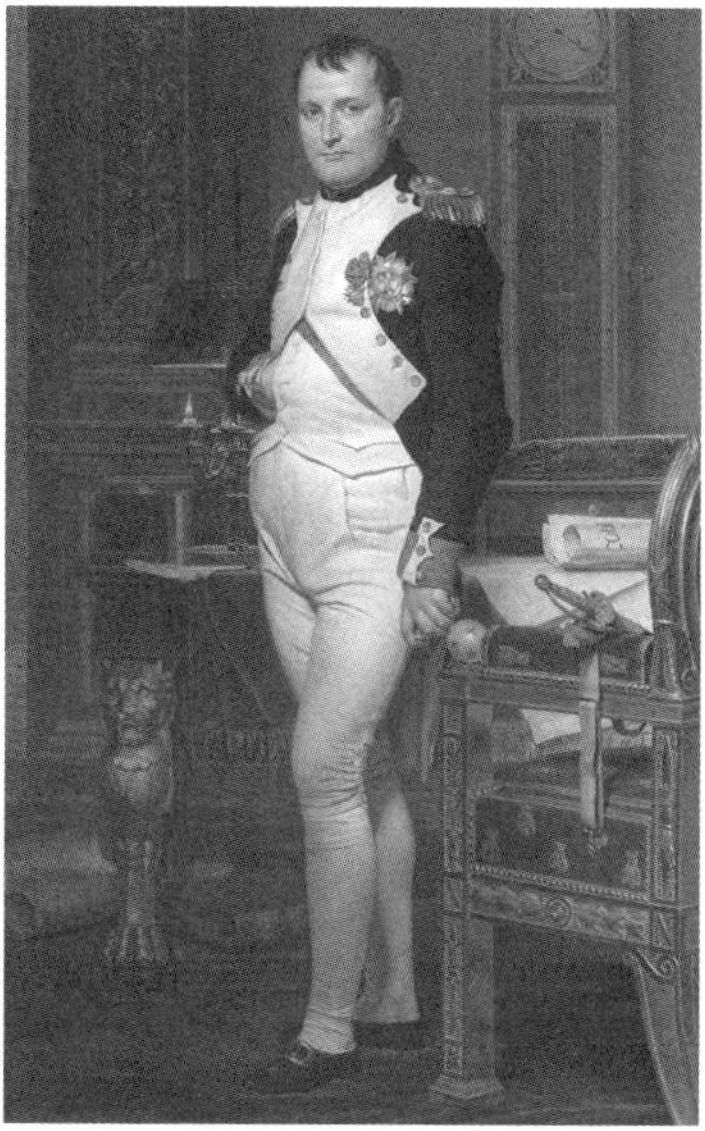

ナポレオンの「素顔」に最も近いといわれる肖像画（ダビッド作）

生年月日や好きな花・色・動物、嫌いな動物の情報で作った独自の「ホロスコープ」はなんと400フランもしたそうです。

## 「あなたは、お守りを失った」

ジョゼフィーヌとナポレオンが離婚した1809年、ルノルマンは12日間だけ拘留《こうりゅう》されました。これは、離婚したがらないジョゼフィーヌに助言を与えていたルノルマンの影響力を、ナポレオンが恐れてのことだったとか。

ルノルマンはその後、ナポレオンに**「あなたは、ジョゼフィーヌというお守りを失った」**と告げたといいますが、実際にジョゼフィーヌを失ってからのナポレオンの凋落《ちょうらく》ぶりは、皆さんご存じの通りです。

彼女の証言を、単にルノルマンの自己宣伝活動だと考えることもできるでしょうが、ナポレオンは、彼女の顧客となりながら、ルノルマンを警察大臣ジョゼフ・フーシェとその部隊に監視させていました。

**おそらくナポレオンは占いなど気にしない、〝真の英雄〟として生きたかったの**でしょう。占いや予言といったスピリチュアルな事柄について、ナポレオンは「受け入れるが、興味自体は浅かった」というレミュゼ夫人（当時のフランス社交界の花形）の証言は有名です。

運命に翻弄《ほんろう》されるのは凡人で、英雄は運命を常に切り開いていくものだ、とでもナポレオンは考えたかったのでしょうか。

しかし実際のナポレオンは、少なからず占いや予言に影響され、**自分にとって都合の悪い予言をする占い師たちを監視、場合によっては拘留するようなこともしていた**のです。

それは単に彼らの世間への影響力を恐れたというより、彼らの不吉な予言をナポレオン自身が本心では恐れており、遠ざけたかったからに違いないのです。

# 世界史上随一の美女？
# オーストリア皇后・エリザベートの孤独

ハプスブルク家の歴代皇后の中で、もっとも美しいといわれた、19世紀のオーストリア皇后・エリザベート。

しかし、彼女にとって自身の美は誇りであると同時に、死にいたる病のようなものでした。**「美しくなければ生きている意味がない」**とつぶやき、美を保《たも》ち、あるいは美を高めるための行為に偏執《へんしつ》的なこだわりを見せることで知られるようになります。

## "効果不明"な美容法への異常なこだわり

床に届くほど長く、豊かな黒髪を彼女は毎日、女官にブラッシングさせていました。しかしその際、床には白い布が敷《し》き詰められ、女官も白い服をまとうよう命じられていました。抜け毛の数を正確に調べるためです。

**エリザベートは、自分の抜け毛の数を記録させ続けていました。抜け毛が少なければよいのですが、多い日には機嫌が悪くなりました。**

髪を洗うときは、丸一日がかりでした。使われるのは、最高級のフランス製ブランデー20本と卵30個分の卵黄。これらをかき混ぜ、タマネギの汁と、香り付けにヴァニラの強い香りのするペルー香油を加えた、特製シャンプーを作っていました。

肌のケアにも独特のこだわりがあり、顔に精製《せいせい》したはちみつを塗って数時間放置した後、苺《いちご》のペーストにワセリンを混ぜたものでパックし直す。シミが気になり出した晩年には、シルクに仔牛《こうし》の生肉を付けたものを顔に乗せて眠るようになりました。

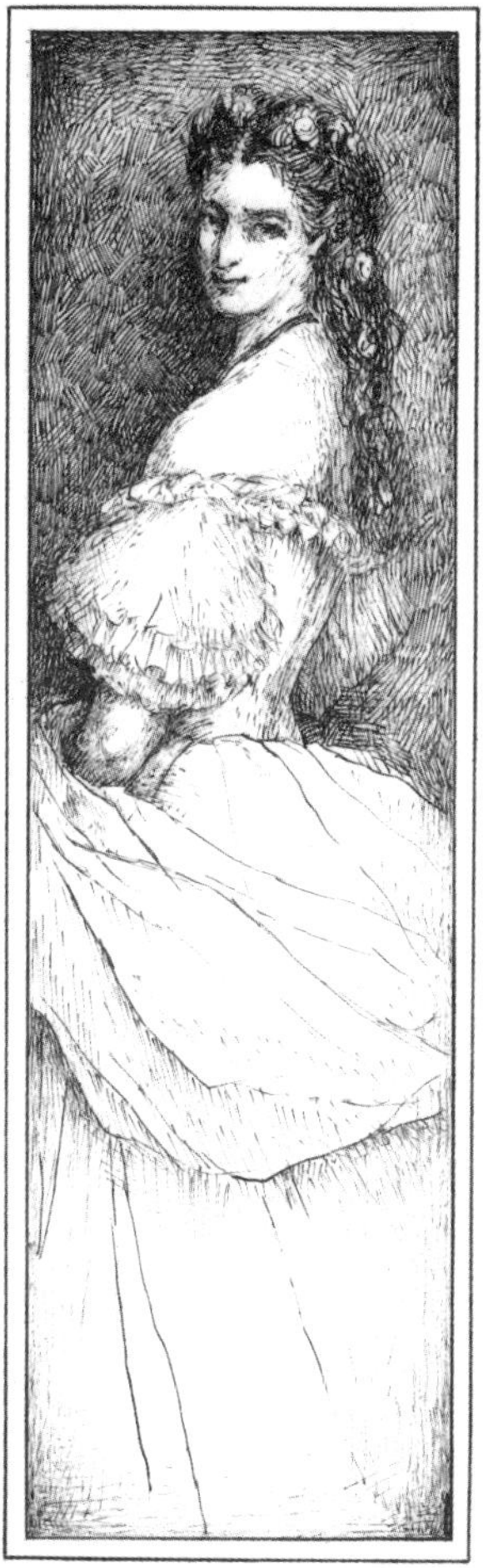

これらの独特すぎるケアには害こそあれ、効果があったとはとても考えられません。しかし、自分が信じたことを貫《つらぬ》くことに、エリザベートは執着してしまったのです。

## 妻としても、嫁としても、母としても居場所のない宮廷

ミュンヘンの名門・ヴィッテルスバッハ家の令嬢として生まれながらも、自由な家風のおかげで、エリザベートは近隣の野山をかけまわって育った女の子でした。

彼女がフランツ・ヨーゼフ皇帝に見初められたのは15歳のとき。寝耳に水の出来事でした。24歳のフランツ・ヨーゼフ皇帝は美男子でした。エリザベートもすぐさま恋に落ち、求婚を受け入れますが、**「彼が皇帝でなければよかったのに」**と本音を漏らしています。

エリザベートは急場のお妃教育を受けてウィーンのハプスブルク家に嫁《とつ》ぎます。しかし、彼女の人生はシンデレラの童話のようにはうまくいきませんでした。

ゾフィー皇太后、つまりエリザベートの姑《しゅうとめ》は、彼女につらくあたります。**「歯並びが悪く、歯の色も黄ばんでいる」**と面と向かって注意されたこともありました。それ

以来、エリザベートは人前で笑わなくなったといわれます。

ゾフィー皇太后はエリザベートが17歳で出産すると、その子を手元に引き取ってしまいます。エリザベートは皇后という公的な存在としてはおろか、妻としても認められず、今度は母としての居場所も奪われたのです……。

次第に彼女は、不自由な宮廷から抜け出し、自由を求めて旅に出ることを覚えます。子どもたちはどうせ姑にとられてしまっているし、自分にできることは何もないと彼女はあきらめてしまっていたのかもしれません。

しかし、当の子どもたちは母親に捨てられたように感じていました。とりわけ、母の不在は皇太子ルドルフの精神に、暗い影を落としてしまいます。

## "心の影"が、人生をおびやかす

夫である皇帝フランツ・ヨーゼフとの関係も、確実にぎこちなくなりました。

フランツ・ヨーゼフは、母と妻の間を取り持つことに疲れたというのが本音にせよ、かたむきはじめていたハプスブルク家をなんとか立て直すべく、皇帝として尽力する生活を重視し、家庭人としては事なかれ主義でした。

**エリザベートはさみしさからか、室内犬を溺愛するようになり、食事中ですら離そうとせず、犬のノミをとっては皿の上に並べることまでした**ので、フランツ・ヨーゼフは見かねて注意します。

ところがエリザベートは、そんな夫は冷たい人間だと思い込み、ますます自分の殻《から》に閉じこもるようになっていったのです。

思えば、それらはエリザベートの心の病の最初の表われだったのかもしれません。

彼女の実家・ヴィッテルスバッハ家には、当時のバイエルン国王・ルートヴィヒ2世もいました。彼は、あるときから政務を放り出し、世間には風変わりにしか思えない築城にのめり込んでしまったため、**「狂王」**として廃位《はいい》されてしまっています。

## 最愛の息子・ルドルフの悲劇的な死

エリザベートにも、そしてエリザベートが産んだ皇太子ルドルフにも、ヴィッテルスバッハ家の血の病……つまり、狂気の症状は色濃く見られていました。

エリザベートの居場所が宮廷に完全になくなったのは、１８８９年1月末の深夜、ルドルフが心中したときでした。

状況証拠からは、ルドルフは「愛人」だったマリー・ヴェッツェラを銃殺したのち、自らの頭をピストルで打ち抜いたとされています。皇帝一家の信奉《しんぽう》するカトリックの教義に反する自殺者ですから、通常であれば埋葬すら許されません。このため、ルドルフは精神を患《わずら》っていたということが強調され、特別に葬儀が許可されました。

しかしこの事実は、「狂気の家系」ヴィッテルスバッハ家出身のエリザベートに大きな打撃を与えたのでした。ルドルフの葬儀は2月5日に行なわれましたが、エリザベートはショックからの衰弱《すいじゃく》がひどく、参列すらできませんでした。同月9日、ハプスブルク家の先祖たちとならび、カプツィーナー教会の地下霊廟《れいびょう》のルドルフの棺の前で、両手をしっかり組み合わせ、ひたすら祈り続ける彼女の姿がありました。

最晩年のエリザベートは旅から旅への生活を送るようになっていました。お供は子どもたちの中で唯一、話が合った娘マリー・ヴァレリーと女官たちです。

晩年のエリザベートは「死ねばすべてが終わる」と言うようになりました。「神を信じていないの？」とマリー・ヴァレリーに怒られると、彼女はこう答えました。

**「信じているわ。これほどの不幸と苦悩が偶然ふりかかったとは、とうてい考えられ**

**ないもの。神はすごく強大です。そして残酷。でも、私はもう嘆かないことにしたの」**

## 彼女は「自分が死んだこと」に気付いていたか？

1897年8月下旬、エリザベートは突然、「海のような」レマン湖が見たくなります。そして滞在していた温泉保養地バート・イシュルからマリー・ヴァレリーと女官たちを連れて、スイスに向かいました。

すでに彼女も60歳を超え、極端な食事制限がたたって貧血症を患っており、歩くことすらおぼつかなくなっていました。

9月10日、午後1時40分発の湖を渡る船に乗ろうと急いでいたエリザベートは、若い男に体当たりされ、転倒します。

**「あの男は、いったい何をしようとしていたのでしょう。時計でも奪いたかったのかしら」**

とつぶやきながらも、女官のスターライ伯爵夫人とともに船に乗り込みますが、出航直後に意識を失い、甲板に崩れ落ちます。

長年、彼女の身体をきつくしばり続け、ウェストを50センチの細さに保っていたコルセットをゆるめると、左胸のあたりにごく小さな、血の染みが付いているのが見えました。しかしその**傷は小さくても、エリザベートの心臓が貫かれたことを意味しており……医者が到着する頃には、彼女はすでに息を引き取っていました。**


犯人の男の名前はルイジ・ルケーニ。25歳の無政府主義者でした。

凶器は、先端を三角形のナイフ状になるように彼が磨き込んでいたヤスリでした。

ヤスリで心臓を突き刺されながらも、エリザベートが気丈《きじょう》に振る舞えたのは、彼女が常日頃から、死をもたらした衝撃よりもさらにつらい感覚の中で――つまり最悪の健康状態で生きてきたことの証でしょう。

そこまでしても美しくありたいと願ったエリザベートを、ルイジ・ルケーニは**「ただの婆さんだった」**と言ってのけました。

しかしすべてを犠牲にし、美への妄執《もうしゅう》に支配されて苦しんでいた彼女は、死によってようやく解放されたのでした。

# ＪＦＫだけではなかった……ケネディ家を襲った「呪い」

アメリカ人にとって、大統領とは格別の存在であり、とりわけカリスマ性のあった大統領個人やその家族には、特別な注目が集まる傾向があります。

20世紀半ばに絶大な人気を誇ったジョン・Ｆ・ケネディ大統領を筆頭に、数々の政治家や政府関係者を輩出《はいしゅつ》したケネディ家の人々は、**「アメリカの王家」**の異名をとるほどカリスマ的な存在とされているのです。

しかしケネディ家は、アメリカにおいて最初から、栄光に彩《いろど》られた一族だったというわけではありません。

19世紀中盤、宗教上の理由でアイルランドからアメリカに渡ってきたパトリック・ケネディを祖《そ》とするケネディ家は、当初、しがない労働者一家にすぎませんでした。

それでも代を重ねるごとに実業家・投資家として着実に成功をおさめ、政治家も輩出するようになり、20世紀中盤までの約100年で、アメリカを代表する名門一族にまで成り上がりました。

## 「アメリカを代表する名門一家」の裏側

とくに凄《すご》かったのは、ジョン・F・ケネディの父にあたるジョセフ・パトリック・ケネディの金儲けの手腕でした。彼は20世紀初頭に株式によって巨大な富を築き、子どもたち全員に1000万ドルの信託財産を与えています。

のちに**「ケネディ家の呪い」**とも呼ばれるようになる数々の災難に見舞われたのは、ケネディ家の絶頂期ともいうべきジョセフ・パトリックとその妻ローズ、そしてジョン・F・ケネディをふくむ彼らの子どもたちの時代のことでした。

ジョセフ・パトリックは実業家としては優《すぐ》れていましたが、人格に問題がありました。妻・ローズだけでなく、子どもたちの見ている前でも自分の浮気をひけらかす、現代人の目には「歪《ゆが》んでいる」としか言いようのない女性観の持ち主だったのです。

ローズもまた、名門夫人の地位と、裕福な暮らしを与えてくれる夫の女性関係に、無為無策《むいむさく》のままでした。敬虔《けいけん》なカトリック教徒のローズは、教会に熱心に通う一方、自分の子どもたちとは過ごそうとせず、躾《しつけ》は子ども1人に1人ずつ付けていた乳母たちに任せっきり。

そんなローズを、ジョセフ・パトリックの愛人だった大女優グロリア・スワンソンは「彼女はバカか、聖女のどちらかね」と言いきっています。

ローズはのちに**「ゴシップ、悪口、非難、そして中傷さえも、有名人になった代償だと考えるようになりました」**と自叙伝で語っており、認めたくない現実は完全に無視することで、心の平穏を保とうと必死だったようですが……。

## 子どもたちに押し付けられた「過剰なまでの上昇志向」

ジョセフ・パトリックの恐るべき女道楽にもかかわらず、夫婦のあいだには子どもたちが次々に生まれます。

しかしそれは愛情の結果というより、夫にとっては「男」としての自分の能力を世間に知らしめるため、妻にとっては妊娠と出産が自分の仕事だと考えていたためにすぎなかったのです。

**ケネディ家の子どもたちに求められたのは「ナンバーワンであること」**でした。

しかし、彼らの多くが「呪い」と噂される悲劇的な死を遂げています。

第二次世界大戦中の1944年、跡継ぎと考えられていたジョセフ・P・ケネディ・ジュニアは海軍パイロットに応募。しかし機動作戦中に飛行機が爆発し、29歳で亡くなりました。

戦後すぐの1948年、イギリスの名門・ハーティントン侯爵家に嫁いだものの、夫に先立たれていた次女のキャスリーンも28歳の若さで、飛行機事故で亡くなっています。

## 国民に熱狂的に支持されたJFKの〝隠された闇〟

しかし、「ケネディ家の呪い」のもっとも有名な犠牲者となったのは、大統領の任期中に暗殺されたジョン・F・ケネディでしょう。

生前は秘密のヴェールで守られていましたが、彼のかかえ持った闇は深いものでした。

その気さくな笑顔とは裏腹に、ジョンは親しくなった人々には、わざと傲慢《ごうまん》に振る舞い、それでも自分が許されるかどうかで、その人物にとっての自分の価値を推《お》しはかる……そんな悪癖がありました。また、他人の忠告などは気にもとめませんでした。彼のこんな一面がのちに、彼の命を奪うこととなります。

ジョンは、新聞記者だったジャクリーン・リー・ブーヴィエという上昇志向の強い女性と、1953年9月12日に結婚します。

ジョンは、妻にする女性の条件は**「聡明《そうめい》だけれど、頭がよすぎない人」**だと公言していました。現代では完全に問題発言ですが、当時はそれが男らしい態度だと好意的に受け入れられていたのです。

しかし彼らの新婚生活にはジョンのたび重なる女性問題以外にも、波乱がありました。1954年10月、ジョンは危篤《きとく》状態におちいります。持病の脊髄《せきずい》の病気の手術を受けたのですが、その経過が思わしくなく、3日間も生死の境をさまよいました。

ジョンが、あの健康そうな小麦色の肌とは裏腹に酷く病弱で、〝持病のデパート〟のような人物だったことはあまり知られていません。

あの小麦色の肌の色も、腎臓《じんぞう》が悪かったためだとか。腎臓の治療のために、ケネデ

“仮面夫婦”だったとされるジョンとジャクリーン

ィはコルチゾンを注射されていたのですが……これには性的な衝動を増幅《ぞうふく》させる副作用がありました。

**のちに伝説のように語り継がれる、ジョンの多すぎた女性との情事は、浮気をひけらかしていた父親の影響だけでなく、こうした文字通り病的な背景を持つ「発作」のようなものだったのです。**

今日では、政治家の女性関係は真っ先に攻撃されるスキャンダルの源ですが、ジョンは「そのまま」で政界に進出。

その後もトントン拍子に出世し、1961年には大統領に就任します。若く、見た目は健康そうなジョンに、アメリカ国民は夢を見ていたのでしょう。

## 「男らしさ」への執着が、死を招き寄せた

そんなジョンには、「男らしさ」と「危機に無頓着」であることを同一視する傾向がありました。

彼が暗殺されることとなる、1963年11月22日。実はその日、安全のために、オープンカーの座席を覆《おお》うプラスチック製の防弾ケースの使用を、シークレットサービスから勧められていたのです。しかしジョンは、

**「僕の妻、ジャクリーンの美しさをダラスの人々に見てほしいから」**

とこれを固辞《こじ》しました。そう振る舞うことが、男らしさだと勘違いしているフシすらあったのです。

奇怪なことに、ジョンは自分の暗殺を予言すらしていたようです。

11月22日の朝、パレード後に演説する予定の演壇の図を見て、

**「こんなに周囲にたくさんの建物があるんだから、誰かが本当に僕を殺そうと思ったら防《ふせ》げるわけがない」**

などと話していたというのです。しかしそれでも、危険を無視することが常態化していたジョンの「油断」が感染していた警察官やシークレットサービスたちは、パレ

ード前に建物の中を改めようともしませんでした。

そして――実際にその中のひとつ、テキサス教科書倉庫ビルから銃弾が発射されました。そのうち2発が大統領に命中。3発目の弾が、ジョンの頭を吹き飛ばします。ジャクリーンの目の前で、狙撃《そげき》されたジョンの身体は「ぬいぐるみ人形のようにぐにゃりと揺れ」、「骨や脳組織や赤みがかった髪が空中に舞った」のです。ジャクリーンがとっさにそれらを拾おうと手を伸ばす姿が、映像にはむなしく残されています。

当時のアメリカの大統領たちが、ひそかに気にしているジンクスがありました。

それは、

**「末尾に0が付く年に選出された大統領は、任期途中か、次の任期の途中で死亡する」**

というのです。実際、この「0のジンクス」は、1980年に当選したロナルド・レーガン大統領がはね返すまで、該当する7人の大統領全員にあてはまりました。この「0のジンクス」で最後に死んだのが、そう、ジョン・F・ケネディだったのです。

## ヒトラーVS.チャーチル、世界大戦の裏の〝オカルト大戦争〟

全世界を戦禍《せんか》で覆いつくした、第二次世界大戦。

とくに戦争末期においては、英米とナチス・ドイツの対立が激化する中、その双方において心理的兵器として用いられていたのが、占星術やノストラダムスの予言といった「オカルト」だったと聞けば、驚かれるかもしれません。

もとをたどれば、ナチスはかつて「ドイツ労働者党」と自称していましたが、これはミュンヘンを中心とする南ドイツの「トゥーレ協会」というオカルト組織の政治部門でした。

ヒトラー自身、思春期から黒魔術などオカルトの書物に没頭し、20歳頃からは悪魔とおぼしき「謎の男」の声を聞いて、難を逃れる怪奇体験を何度もしています。このようなヒトラーが率《ひき》いるナチスが、オカルト色を持たないわけがありません。

# ナチスはプロパガンダのために「占い師」を起用

ヒトラーは1939年11月8日にミュンヘンのビヤホールにおいて、暗殺未遂に遭《そう》遇《ぐう》しています。

しかし……**カール・エルンスト・クラフトなる占い師が、ヒトラーの生年月日の情報からホロスコープを作成し、その解読の結果「11月7日から10日のあいだにヒトラーが危険にさらされる」と予知していた**のですね。

そしてその期間内に、本当に暗殺未遂事件が起きたため、かえって事件への関与が疑われてしまったクラフトは、ナチスの熱心な支持者だったにもかかわらず、ゲシュタポ（ナチスの秘密国家警察）に逮捕されてしまいます。

しかし、この逮捕がきっかけで、クラフトはナチスの宣伝大臣ゲッベルスから認知され、プロパガンダ（政治的な宣伝）に都合よく使えると判断されたのです。そして、クラフトは**一介の占い師の身から、国民啓蒙《けいもう》・宣伝省の要人にまで異例の大抜擢《だいばってき》**を受けます。

クラフトはもともとスイスの裕福な実業家の家に生まれ、バーゼル大学で統計学を学んだエリートという、変わり種の占い師でした。占星術の他、ノストラダムスの予言の解釈にも強いこだわりを持っていました。

そんな占い師クラフトが抜擢されたという情報は、イギリスにも飛んでおり、**「クラフトが占いによって、ヒトラーの戦略に助言を与えており、ヒトラーもそれに従っている」**

とささやかれました。

こうしたクラフトの情報を広めたのは、当時のロンドン駐在ルーマニア公使だったヴィオレル・ヴァージル・ティレアという人物でした。彼はかつてクラフトの占いに接し、その的中率の高さに驚愕した経験があったのです。

占い師にとって、この手の「あいつの占いは当たる」という口コミは、平和時なら歓迎すべき要素です。しかしこのときのクラフトに対するそれは、戦争下の人々の、精神的な混乱を招くものでしかありませんでした。

## ノストラダムスの名を借りた〝ニセ予言〟が空を舞う

ティレアからの情報を重視したイギリスの首相チャーチルは、ルイ・ド・ウォールというユダヤ系ドイツ人占い師を、軍事顧問として起用します。

そして、**クラフトの占いによって成功を保証されていたはずのナチスの軍事作戦の多くは、ド・ウォールによって「解読」され、阻止されていった**のだとか……。

そんな中、クラフトは次第にナチス上層部と関係がこじれていきます。1941年以降は厳重な監視を受けながら、なんと牢獄《ろうごく》の中で「プロパガンダ用のホロスコープ」……つまり、ナチスに都合よい、完全なウソ予言の作成を強要されるようになります。

1940年頃のナチスは、イギリス上空に軍用機を飛ばして大量のビラを落としていました。その中には、ノストラダムスの名前を騙《かた》った**「イギリス国民よ、チャーチルという愚《おろ》かな指導者に従っていれば滅亡するだけだ」**といった内容のニセの予言が書かれたものもありました。こうしたニセの予言の作成にも、クラフトは関与させられていたようです。

一方、イギリスもドイツにオカルト路線で対抗します。

ナチスの幹部たちのホロスコープを勝手に作成し、それによると「彼らは滅びる」

という内容の予言を広めたり、ニセの占星術雑誌や「ノストラダムスが戦争の経過を予言する」と題したニセ予言のビラを作成し、ドイツ領にばらまき返したりという報復攻撃に出ます。

１９３０年代の欧米ではノストラダムスの予言がブームだったという下地を考慮しても、現代人の目には「戦争中にいったい何をやっているのだろうか」と呆《あき》れてしまうような攻撃方法かもしれませんね。

しかし、明日をも知れぬ戦下においてこそ、誰もが「未来を知りたい」という切なる願いを持ってしまうもの。そこに付け入った**「心理的兵器」**が、こうしたニセ予言のビラだったのです。

## 英・独、2人の占い師の〝その後の末路〟

英・独の「オカルト戦争」は、イギリス側の勝利に終わります。

ニセの予言の作成を平気で行なっていたイギリス側の占い師ド・ウォールは、占い師としての誠意に疑問が残りますが、戦後は宗教書の作家に転身、活躍を続けます。

一方、ドイツ側の占い師クラフトの最期はみじめでした。

クラフトは、ド・ウォールとは異なり、占いや予言を本気で信じていたタイプです。おのれの信念を裏切るような、ニセ予言の作成を強制されることに絶望し、ナチスに対して反抗的な態度が目立つようになったのだと思われます。

しかし、彼は重要機密を知りすぎているため、ナチスとしても今さらクビにして終わり、というわけにもいかなかったのでしょう。それでもクラフトは処刑されてはいません。死よりも酷い運命が彼を待っていたのです。

まずはオラニエンブルクの強制収容所に収監され、その後、さらにブーヘンヴァルトの強制収容所に移送される途上の1945年1月、チフスで絶命してしまったのでした。

ナチスとしては、強制収容所での生活に音《ね》を上げたクラフトが再協力を申し出るのを期待していたのかもしれません。しかし、傷ついた「予言者」が甦ることはなかったのです。

# 2章

# その「悲劇」は、なぜ起こったか

## ――〝運命の歯車〟が狂った瞬間

# カエサル暗殺――「ブルータス、お前もか！」その裏切りの真相

紀元前45年から44年の1年間、共和制ローマの政治的最高機関であった元老院《げんろういん》が、ユリウス・カエサルに与えた特権は、もはや彼がローマの実質的な「王」であることを示すものでした。

カエサルは国家の最高権力を一手に収めた「終身独裁官」で、「ローマの公官職の任命権はカエサルにある」という新しい権利まで与えられていました。

## 「反カエサル」の機運は、こうして高まってしまった

そんなカエサルは、反対派から**「共和制の敵」**と目《もく》されていました。

紀元前44年1月26日、カエサルの戦勝記念式典の席上でのこと。群衆のうちの誰かが何を思ったのか、カエサルに「王」と呼びかけたことがありました。するとカエサ

ルは、**「王ではない。私はカエサルだ」**と答えました。

この発言は、とらえ方によっては、私は「王なんか」ではない、私はそれ以上の存在、「カエサル様」なのだと言っているようにも聞こえます。少なくとも反カエサル派の人々は、この発言をカエサルの慢心《まんしん》から出たものだととらえました。

紀元前44年2月に行なわれたルペルカリアの祭典では、カエサルの部下で、ローマの有力者のマルクス・アントニウス（クレオパトラ7世の愛人として有名）が、何を考えたのか、客席にいたカエサルに模型《もけい》の冠《かんむり》を捧《ささ》げたてまつるという事件が起きました。拍手喝采《かっさい》する者もいる中、カエサルはその冠を固辞しますが、多くの民衆は呆気《あっけ》にとられたといいます。

カエサル本人の本意をよそに、彼への反感は高まっていく一方でした。

そして……祭典での事件から、わずか1カ月ほど経った3月15日……カエサルが重用していた占い師・スプリンナが、彼に暗殺を警告していたまさにその日のことです。

妻のカルプルニアも「あなたが殺される悪夢を見た」と言って止めたにもかかわらず、不吉な悪天候をものともせずにカエサルは元老院会議に向かいます。しかしその会場で一説によると数十名、名前がわかっているだけでも14人の男たちからメッタ刺しにされて、死んでしまいました。

元老院には他にも、暗殺の計画を聞かされていなかった議員たちがいましたが、彼らは呆然と立ちつくすだけだったようです。

カエサルが死の間際に叫んだとされる「**ブルータス、お前もか！**」という名言は、よく知られています。

しかし、史実でのカエサルは、自分を殺しに集まってきた男たちの姿を見て、終わりを悟り、**傷だらけになった自分の遺骸が、せめて見苦しくならないようにと、トーガ（長いマント）を巻きつけ、身体を隠すように無言で倒れていった**ようです。

## ブルータスはカエサルを恨んでいたか？

それにしてもカエサルはなぜ、14人もいたとされる実行犯の中で「ブルータス」に強く反応したのでしょうか。

ブルータスとは、**長年のカエサルの愛人だったセルウィリアという女性の息子で、当時40歳のマルクス・ブルータス**のことです。学問に秀《ひい》で、弁護士として活動したの

カエサルの暗殺場面を描いた絵。中央で襲われているのがカサエル

ち、カエサルに庇護《ひご》されながら政治の道に入っています。

母と正式に結婚もせずに長年関係を続けながら、自分を息子のようにかわいがるカエサルを、ブルータスは心底ではうとましく感じていたのかもしれません。

そんなブルータスの演説を聞いたカエサルが**「あの青年が求めているものは何かわからないが、何であれ強烈に求めていることはわかった」**と評したことがありました。

しかし、ブルータスが政治の道に入ったのは30代後半になってからですから、このときすでに「青年」といえるような歳ではなかったはずです。カエサルにとってブルータスは、いつまでも「保護すべき子ども」でしかなかったことがわかりますね。

ブルータスにとってのカエサルは、**恩人でありながら……母親の愛人であり、すがって頼らねばならない相手であり、いくつになっても自分を子ども扱いする、重しのような存在**だったのかもしれません。

マルクス・ブルータスは、カエサル暗殺の首謀者ですらありませんでした。ブルータスとは同い年で、彼にとっては義理の弟（妹の夫）にあたるカシウス・ロンジヌスの差し金で、暗殺に加わったのです。

つまり私怨《しえん》ありきではなく、**「カエサルの関係者のブルータスも加担している」と世間に証明するために、担《かつ》ぎ出されただけ**だったといえるのです。

## 暗殺ののち、暗転するブルータスの人生

その後、共和制の敵・カエサルを打ち倒した興奮醒《さ》めやらぬ一行は、**「自由は回復された」「暴君は死んだ」**などと叫びながら、元老院の外に繰り出します。しかし、そこには想像していたのとはまったく違う光景が広がっていました。

街には誰もいないのです。「カエサル暗殺」の知らせに怯《おび》えた市民たちは、ローマ

から逃げ出し、翌日まで帰ってきませんでした。

その後、カエサルの遺言が公開されました。その遺言では、彼がクレオパトラ7世とのあいだに授《さず》かったとされるカエサリオンという男子ではなく、高い才能を買っていたわずか18歳の若さのオクタヴィアヌスが後継者に指名されています。

また、カエサルの遺体は火葬されましたが、**灰になってしまったカエサルを見て悲しみと怒りがこみ上げた市民たちは、ブルータスら暗殺者の屋敷に、暴徒となって攻め込もうとする**など、ローマ全体を不穏な動きが支配するようになりました。

ブルータスの母・セルウィリアは、わが子が自分の愛人のカエサルを殺したと知っても、息子を気づかいました。しかし暗殺以後をどう生きるか、まともに考えもせずに息子が殺人を企《くわだ》てたと知ると激怒し、ブルータスのもとを離れていきました。

また、ブルータスの仲間たちは次々と粛清《しゅくせい》され、将来に絶望した彼の妻・ポルキアは、真っ赤に焼けた炭を呑《の》み込むという凄惨《せいさん》な方法で自殺してしまいます。ブルータスは救いようのない孤独におちいります。

オクタヴィアヌスやアントニウスをはじめとするカエサル派と、ブルータスやカシウスの反カエサル派は、紀元前42年10月「フィリッピの会戦」でついに軍事衝突しました。

反カエサル派はこの戦いに敗れますが、ブルータスは逃走を拒否し、あっさりと自殺しています。カエサルに子ども扱いされ続けた彼も、43歳になっていました。

その死の4カ月前、ブルータスは反カエサル派としての同志だった**哲学者のキケロに宛てて、「カエサル暗殺を悔いていない」という内容を、ひたすら何度も繰り返す長すぎる手紙にしたためています。**

実際は後悔だらけだったのでしょうね。

# マリー・アントワネットも手にかけた処刑執行人サンソン

フランスの処刑執行人一族だったサンソン家。

数々の奇妙な伝説で彩られるサンソン家は、その発祥にまつわる伝説もまた不可思議で、人間の力では抵抗しようのない運命を感じさせるものがあります。

## なぜサンソン家は、世襲の「処刑人一族」となる運命を選んだか

17世紀後半の話です。サンソン家の初代とされるシャルル・サンソンは、もとは処刑執行人の家系に生まれた人物ではありませんでした。

シャルル・サンソンはフランス北部、ピカルディ地方にあるアベヴィルの街に暮らし、貴族の領地の税収を管理する職についていた、裕福な若者でした。シャルル・サンソンは平民出身でありながら金の力にものをいわせ、ド・ラ・ボアシエール侯爵と

いう軍人貴族の連隊での大尉《たいい》の職を買い、出世をはたします。

ところが、シャルルの幸福だった人生は、〝不思議な娘〟との予期せぬ出会いによって狂いはじめました。

シャルルはかつて婚約していたものの、家の事情で結婚できなかったコロンブという女性が、夫に先立たれ貧しく暮らしていると知ってしまいました。そんな彼女を救おうと出かけるのですが、合流した2人を乗せた馬車は、不運にも事故にあいました。**シャルルは、倒れていたところを〝不思議な娘〟に見つけられ、その娘と娘の父親の看護のかいあって、意識を取り戻します。**しかし、ともに事故にあったコロンブは「亡くなった」と彼らから告げられたのでした。

失意のシャルルを介抱《かいほう》し励ました娘は、マルグリット・ジュエンヌといいました。やがてシャルルは彼女に熱烈な恋心を抱きます。しかし彼女は、彼の求婚を拒絶します。

それには「理由」がありました。**マルグリットの父親は、すべての人々から忌避《きひ》されている処刑執行人だったのです。**

当時、処刑執行人に対する差別は酷いものでした。国家の正義は、重罪を犯した悪人を裁く処刑制度を必要としているのに、それを支えている処刑執行人は、町外れに住むことを強《し》いられ、教会でも他の人々と離れて座らねばなりませんでした。

シャルルの上官の侯爵も、彼が処刑執行人という汚れた身分の者に助けられたことを知ると、**「なんと不名誉な死に損ないであろうか！」**と激怒します。

シャルルは大尉の任を解かれ、マルグリットのもとに戻りますが、今度は彼女の父親から激怒されます。

「他の処刑執行人の一族から婿《むこ》をとるつもりだった結婚前の一人娘に、お前との噂が立ってしまった。もう娘は結婚できないかもしれない」というのです。そして「お前が娘と結婚しないのであれば、娘は私が殺す」と脅《おど》されてしまったのでした。マルグリットはシャルルの将来を思い、彼との結婚を断っていたのに……。

こうして紆余曲折《うよきょくせつ》ののち、マルグリットとシャルルは結婚することになりました。マルグリットの生命は救われましたが、**シャルルは自分と自分の子孫たちの手指を血に染める、処刑執行人となることを決意せざるをえなかった**のです。

## 処刑人のかたわら、医師として貧しい人々を無料で治療

さて、初代・シャルルから数えて100年ほどのち、18世紀中盤のサンソン家当主ジャン・バティストは、パリ市の処刑執行人を務めると同時に、医師として過ごしていました。処刑のための知識や技術は、人の生命を守るために転用できたのです。ジャン・バティストは35歳で卒中に倒れますが、医学の知識は彼の息子たちに受け継がれます。

**かつて忌み嫌われていたサンソン家には、良質な医療を求める王侯貴族や金持ちの患者が押しあうようにやってきたので、貧しい病人の診療は無料で行ないました。**

サンソン家の暮らしは豊かになり、文化水準も一気に上がり、ジャン・バティストの息子シャルル・アンリの代には、外見も振る舞いも貴族の若殿のような処刑執行人が誕生することになりました。

## フランス革命を「ギロチン」とともに生き抜いた男

堅実な人柄で知識も豊富、国王一家に敬愛の念を抱き、**処刑執行人という役職は、**

**王国の正義を体現するための「必要悪」**だと考えていた哲学者のようなシャルル・アンリでしたが……彼は不幸にも、フランス革命を生き抜かねばなりませんでした。

処刑執行人の報酬や、その任務遂行に必要な経費は、すべてフランス王家から支給されていたのですが、ルイ16世の治世となってからはフランスの国庫は空っぽ同然となり、支払いがなされなくなってしまっていたのです。

フランス革命が勃発する直前の1789年4月、シャルル・アンリはルイ16世に面会、支払いを直訴するも、断られています。当時、王庫は処刑執行人に対して総額13万6千リーヴル（＝約13億6千万円）もの未払い金があったそうです。

それでもシャルル・アンリは、フランス王家への敬愛を捨てることはありませんでしたが、窮状はフランス革命勃発とともに好転します。革命政府が処刑を頻繁に行ない、報酬も払われるようになったのです。

革命がはじまった「バスティーユ襲撃事件」のあった1789年7月14日から、96年10月21日までに処刑された人々のリストを見てみると、なんと**2918名もの老若男女が反革命の罪を着せられ、自由・平等・友愛をうたう革命政府によって処刑され**たことがわかります。このすべての処刑にサンソン家は関わりました。

疑わしい人はただちに処刑される決まりだったので、斧《おの》や剣で首を切り落とすという、従来の手間も時間もかかる処刑方法では追いつかなくなり、簡単・安全・確実に処刑を執行できる装置が待望されました。

そして――処刑囚に無駄な苦しみを与えぬままスピーディーに首を落とし、命を奪うことができる。だから人道的だという触れ込みの装置が、解剖学の知識に富《と》んだギヨタン博士の手によって、発明されるにいたります。ギロチンと名づけられた、この「人道的処刑道具」に期待が集まりました。

1792年4月17日、ギロチンが初めてパリ郊外にあるビセートル病院で披露されたときに試験台となったのは、おもに人間の死体でしたが……触れ込みとは異なり、首の太い死体は3回試《こころ》みても首が切れず、刃の角度などが調整されています。

試行錯誤の末に完成されたギロチンはその後長いあいだ、フランスをはじめ、世界各国の処刑に欠かせぬ存在となりました。

## ルイ16世、マリー・アントワネットの処刑では……

1793年1月21日、シャルル・アンリが敬愛し続けた、フランス国王ルイ16世の処刑を革命政府が命じたことは、彼にとって大きな試練となりました。キリスト教社会において、国王殺しほど重い罪はないからです。

しかし、そんなルイ16世の処刑以上に、同年10月16日のマリー・アントワネットの処刑は、シャルル・アンリにとって悲劇的なものだったようです。

体調を崩していたマリー・アントワネットは処刑台への階段でよろめき、シャルル・アンリの足を踏んでしまいました。このとき、マリー・アントワネットが言った**「ごめんなさい、わざとではないのよ」**というひと言が彼女の最後の言葉になりました。

シャルル・アンリの自伝によれば、彼女は処刑台の上で、自分が幽閉《ゆうへい》されていたチュイルリー宮殿を見て、何度かため息をついたのち、ギロチンの刃の下に首をそっと差し出したそうですが……。

シャルル・アンリは、零落《れいらく》した元王妃の姿に、胸も潰《つぶ》れる思いだったはずです。

ギロチンが処刑に用いられた最初の数回ほどは、ボタンを押すのはシャルル・アンリの仕事でした。しかしそれ以降は、シャルル・アンリおよび彼の息子のアンリといったサンソン家の男性は監督しているだけで、「助手」がすべて担当したそうです。

ギロチンを使えば、ボタンを押す動作ひとつで、人の生命があまりに容易に絶たれてしまいます。ギロチンの発明によって、短期間に大量の処刑が可能になった一方、いくら死刑執行人とはいえ、1人の人間が理性を失わずに殺せる人数には限界があると考えられていたのかもしれませんね。

しかし、ルイ16世とマリー・アントワネットの処刑には、サンソン家の当主であるシャルル・アンリ自身がボタンを押すことが革命政府から求められました。

それでも、ルイ16世の処刑はともかく、**アントワネットの処刑執行だけは、シャルル・アンリにはどうしてもできず、彼の息子アンリがギロチンのボタンを押した**のだそうです。

こうして国王夫妻を含む約3000人もの人々の処刑に立ち会い続けたのち、遂におのれの限界を悟ったシャルル・アンリは、執行人を引退することにしました。

## 革命後、皇帝ナポレオンとの〝劇的な巡り会い〟

シャルル・アンリは、引退後もパリにとどまりました。

1806年のある日、彼は散歩の道すがら、ナポレオンが戦没者を追悼《ついとう》して建てたマドレーヌ寺院に入ります。

革命の動乱を鎮《しず》めたナポレオンは当時、すでにフランス皇帝の座についていました。そのナポレオンにシャルル・アンリはマドレーヌ寺院の中でぐうぜん出くわし、大勢の供を連れた皇帝からなぜか呼び止められてしまいます。

シャルル・アンリが、17世紀フランスの劇作家ラシーヌの詩集を持っているのに目をとめたナポレオンは「お前はなぜここにいる？」と問いながら、本に手を伸ばしてきたそうです。

**「お前は誰だ」**と重ねて問うナポレオンに**「私は処刑執行人のサンソンです」**と答え

ると、とたんにナポレオンは顔色を失いました。そしてシャルル・アンリの本を床に投げ捨てたそうです。

処刑執行人サンソンの名に、本能的な恐れや汚らわしさ……もっというと激しい拒絶を心の底から感じてしまったのでしょう。

それでも**「もし、ある日、私に対して反逆が起こったとしたら……」**と問うナポレオンに、シャルル・アンリは**「私はルイ16世を処刑しました」**とだけ答えました。

求められれば、自分は処刑執行人として誰の首でも落とさねばならない……そんなシャルル・アンリの言葉に、ナポレオンは動揺を隠せず、「本を拾って私の前から失せろ」と居丈高《いたけだか》に命令したそうです。ナポレオンの目には、老シャルル・アンリはまるで死神のように見えていたのかもしれません。

このドラマティックなエピソードは、サンソン家が旧蔵していた文書に見られ、おそらく事実であるとされています。

1806年7月4日、ナポレオンとの会話からほどなくしてシャルル・アンリはこの世を去りました。彼ほど残酷で、数奇な運命の星の下に生まれてしまった人物を、筆者は思いつけません。

## スペイン・ハプスブルク家の「青い血」をめぐる不幸

ヨーロッパの王侯貴族にとって、政略結婚は一種の賭《か》けでした。一度結婚してしまえば、カトリックの信者は、かんたんに離婚することはできないからです。

この手の賭けに勝ち続けたのが、中世の頃のハプスブルク家でした。

**「汝《なんじ》、幸運なるハプスブルク家よ、結婚せよ」**という家訓《かくん》があったほど、ハプスブルク家は戦争よりも結婚を重視しました。

もともとは、片田舎の地方貴族にすぎなかった中世のハプスブルク家が、急速に成り上がっていったのは、政略結婚で迎えた妻たちが、多くの子孫を残してくれたから。そして、その妻たちが次々と早死にしてくれたので、その財産をそっくりいただくことができたからです。妻が相続していた所領を手に入れることもありました。

しかし、名門同士の結婚には恐ろしい側面もありました。**名門の数は限られている**

**ため、どうしても近親結婚を繰り返すことになるのです。**それによって、遺伝性の疾病《しっぺい》の発生確率があがってしまうのです。

こうしてすでに16世紀頃には、ハプスブルク家の人々には異様な遺伝的特徴が表われはじめていました。

## 「とがったアゴ」と「狂気」が遺伝していく……

神聖ローマ皇帝カール5世（1500－1558）は、ハプスブルク家の長い歴史の中で、ひとつの頂点を作り上げた人物だといえます。広大な領土を所有するようになったハプスブルク家は、オーストリアとスペインに分家し、ヨーロッパの西と東の端から各地の王家に睨《にら》みを利《き》かすことに成功しました。

ところがカール5世は**「アゴの化け物」**と陰口をたたかれるほど、異様な面体をしていました。

そんなカール5世の後を継いだフェリペ2世と、彼の最初の妻であるマリア・マヌエラ（ポルトガル王女）の間に生まれたのが、有名な**ドン・カルロス**です。

19世紀のドイツの作家シラーが書いた戯曲『ドン・カルロス』のモデルとされる人

物ですが……この戯曲の主人公のような英雄性は、実際の彼のどこにも見あたりません。それどころか、**史実のドン・カルロスは怪物のような人物**でした。

ボヘミア大使の報告によると、ドン・カルロスは食欲を抑えることができず、際限なく何かを食べ続けていました。体格はいびつで、巨大な頭を細い首の骨で支えることが難しく、ずっと不自然な姿勢でいるしかなかったようです。

その上、生まれたときから「肩の高さや、手足の長さが左右で異なる」状態で、胸はくぼみ、背中にはコブがあったそうです。父親の政策に反抗したため、牢に入れられ、そのまま体調を崩して亡くなってしまいました。

今日では叔父《おじ》と姪《めい》の結婚は法律で禁じられている国が多いのですが、当時は合法で、むしろよくあるケースでした。しかし、たび重なる近親結婚の代償は確実に表われました。

子どもたちの大半が、生後すぐに亡くなってしまうのです。まるで死ぬために生まれてくるかのような子どもたち……。その命こそ悲劇そのものです。

それなのに、**彼らの中で生き残る者が出てくることを期待して「量産」せざるをえない**のです。このように17世紀には、スペイン・ハプスブルク家ではまともな結婚生活など期待できなくなっていました。

## 父王が〝他人に見せたがらなかった〟呪われた子

スペイン国王フェリペ4世（1605－1665）の時代になると、事態はさらに深刻でした。フェリペ4世がオーストリア・ハプスブルク家出身の王妃マリアナ・デ・アウストリアとのあいだに、晩年になってようやく授かった男子1人だけが成人しましたが……その子、カルロス2世（1661－1700）の異常は誰の目にも明らかで、**「呪われた子」**とすら呼ばれていました。

とくに、子どもの頃のカルロスは動物のようだったとすら伝えられています。3歳になるまで立つこともできず、乳母から乳をもらって飲み、9歳になるまで文字も書けなかったそうです。その後も足を引きずりながら歩き、平均よりもずいぶんと背が低く、声もまなざしも消え入りそうに弱々しいものでした。

しかも彼の顔には、ハプスブルク家特有の負の要素がすべて、ハッキリと表われていました。**巨大な垂れ目、大きなかぎ鼻、細長すぎる顔に不似合いな、飛び出すほどに巨大なアゴ……重ねられた近親結婚の呪いそのもののような存在**……それがこの世に生をうけたときから病み衰《おとろ》えたカルロスという男でした。

成人後もまともにしゃべることができず、ヨダレと尿を垂れ流す彼のまがまがしい姿は、廷臣《ていしん》たちにも恐れられました。

父・フェリペ4世はそんなわが息子に他人の視線が突き刺さることを嫌がり、カルロスに巨大なヴェールを被《かぶ》らせていたとすらいわれます。

ハプスブルク家の宿命が生み出してしまった息子の姿に、父王は哀れみと嫌悪の入り交じった感情を抱いていたようです。

カルロス2世の肖像

## 愛人が産んだ〝健康な子〟の野心

しかしそんな無惨な外見に反し、カルロスには相応の知性があったと筆者には思われます。

彼はやがて即位し、国王となります。

すると彼は、自分を介護するという名目で支配しようとする母親ではなく、健康で才能にあふれた異母兄・ファン・ホセ・デ・アウストリア（1629－1679）に統治の手助けを求めたのです。

彼らの父、フェリペ4世は、恋愛が趣味のようなところがあり、近親結婚だった正妻の他にも多くの愛人を持ちました。その愛人とのあいだには、健康な子どもたちもたくさんいました。ファンもその1人です。

興味深いことに、**たび重なる先祖の近親結婚の弊害《へいがい》から、自身も病弱だったフェリペ4世が、愛人とのあいだに授かった庶子《しょし》のファンは利発そのもの**で、なんの異常の影もなかったのです。

母親の身分が低すぎるので、王位継承権のない王子という扱いを受けていたファンですが、国民の人気を背景に、大それた野心を抱いてしまいます。

王位継承権を持つ異母妹・マルガリータ（カルロス2世の同母姉）を自分と結婚させてほしい、とフェリペ4世に直談判《じかだんぱん》してしまったのでした。

叔父と姪の結婚が許されるのであれば、異母兄妹でも大丈夫でしょうという理屈でしたが……この求めは、近親結婚による弊害を痛感しているフェリペ4世を激怒させてしまいました。

自らの出世のために、異母妹との結婚を実の父親に持ちかけるなど正気の沙汰《さた》ではないと、フェリペ4世から嫌悪されたファンは宮廷から遠ざけられ、その臨終のときですら呼ばれないままでした。

長くは生きられないだろうといわれたカルロス2世は、それでも39歳まで寿命を保ちます。しかし、彼の子どもはとうとう生まれないままでした。

世継ぎのないまま亡くなったカルロスの死を知るやいなや、ハプスブルク家から嫁いだ妻を持つヨーロッパ中の王家が**「スペインの王位継承権は我が家にある」**と申し立てはじめ、継承戦争が起きることとなります。

そしてスペイン王国の新しい君主はルイ14世の孫、つまりフランスのブルボン家の血を引く者たちが継ぐことになりました。長年にわたる政略結婚の成果も、血の呪いに遂に敗れ、ハプスブルク家は、スペインを追われてしまったのです。

# 「シェイクスピア研究」に取り憑かれた女性の悲しい人生

1856年10月15日の夜のこと。アメリカからやってきたシェイクスピアの研究者を名乗る喪服《もふく》姿の女性ディーリア・ベイコンは午後7時から10時までの3時間を、シェイクスピアの墓の前で、暗闇に包まれながら過ごしました。

彼女は教会の書記を通じ、なんと**「シェイクスピアの墓を暴《あば》く許可」を得ていたの**です。

ディーリアがアメリカから船に乗って太平洋を渡り、シェイクスピアの眠るホーリー・トリニティ教会のあるストラッドフォードにやってきたのには「理由」がありました。

ディーリアは、**17世紀イギリスの劇作家ウィリアム・シェイクスピアの名は、同時代の哲学者ヘンリー・ベイコンのペンネームだという自説**に熱中……もっと端的な言葉でいえば「取り憑かれて」いたのです（ちなみにイギリス人であった哲学者ベイコンと、アメリカの牧師の娘であったディーリア・ベイコンのあいだに系図的なつながりはまったくありません）。

そして、真実はシェイクスピアの墓を暴けば明らかになると信じ切っていたのです。あるいは、そうせざるをえないところまで、彼女は自分を追い詰めていたのですね。

## 思いつきの「シェイクスピア＝ベイコン」説への異常な執着

ディーリアがシェイクスピア＝ベイコンだと確信した理由は単純です。

**ベイコンの著作の一節と、シェイクスピアのごく限定された作品の一節に思想的な符合《ふごう》が見られるというだけのことで、ほんの「思いつき」にすぎませんでした。**

そんな思いつきに、自分の残りの生涯を捧げてしまおうとする彼女の態度には……最初から、空恐ろしいものが感じられます。

それでもディーリアは渡英する前に、知り合いのツテでアメリカの大作家ホーソーンの協力をえながら、「シェイクスピア＝ベイコン説」を７００ページ以上におよぶ大著にまとめようと努力していました。

しかし、その自説に確固たる根拠はないので、文章はどうしても支離滅裂になり、ページ数だけが増える一方だったのです。彼女は弱り切っていました。

ディーリアに協力していたホーソーンは、一時期日本でもよく読まれていた、不倫の愛に殉《じゅん》じるヒロインの姿を描いた小説『緋文字《ひもんじ》』を著した作家であり、決して専門的なシェイクスピア研究者ではありません。

しかし「シェイクスピア＝ベイコン」という自説を、なんとか世間に出したいというディーリアの才能ではなく熱意に、そして40代にしてなお「美しい」彼女の姿にホーソーンは哀れを感じ、思わず協力してしまったようなのですね。

## アメリカの大作家まで研究に〝協力〟した理由

ディーリアは自らの「悲しい過去」で有名でした。

彼女はかつて10歳下の牧師と婚約した（と、すくなくとも彼女は思い込んでいた）のに、その牧師が「僕はディーリアさんの熱意に押されていただけで、彼女のことを愛してはいない。彼女とは結婚できない！」などと言い出し、破談にされてしまったのです。のみならず、彼はこの破談を世間に公表してしまったのでした。

19世紀アメリカの社会では、女性とはまず「弱いもの」であり、「守られるべきもの」でした。このケースでは10歳も年上の純情な女性を傷つけたという理由で、相手の牧師に世間の非難が集中しています。……ただ、その後の彼女の言動からすると、筆者には、ディーリアが一途に想うあまり、男性に対してストーキングに近いことを繰り返していたのではないかという気がしてならないのですが。

事件後のディーリアは黒い喪服しかまとおうとせず、自分の居場所を結婚生活ではなく、研究者の道に求め、そして「シェイクスピア＝ベイコン説」に取り憑かれてしまったのでした。

ディーリアは、シェイクスピアが生きた17世紀から、その後の19世紀中盤にいたる200年間のシェイクスピア研究のすべてが「偽り」だとすら信じ込んでいました。彼女が「シェイクスピア＝ベイコン説」に没頭しはじめたときすでに、その理性は狂気にむしばまれていたと思われます。

**ディーリアが頼りにしていたホーソーン自身も、「シェイクスピア＝ベイコン」説をまったく信じてはいませんでした。**それなのに彼女がこれ以上、傷つくのを見たくないからという理由で、彼女の説が誤りであると確信していながらも、協力を続けざるをえなかったようです。

ホーソーンだけでなく、彼女の周囲の人々は誰もがそんなふうに彼女に「やさしく」してあげていました。**そんな彼らの「やさしさ」こそが、ディーリアを破滅に追い込んでいった**のですね。

## 墓に手をかけようとした彼女に〝呪い〟が降りかかる

「私は夜10時までそこに1人でいました。私の右上から、あの〝間抜けな役者（＝墓《ぼ》碑《ひ》に刻まれているシェイクスピアの彫像）〟が私を見下ろしていたはずですが、私には見分けられません。（略）まったくの暗闇の中、ただギシギシと響く忍び足の音がときどき聞こえましたが、それは不安のあまりこちらをうかがっている（教会の）書記の足音だったのです」

これはディーリアがホーソーンに宛てて書いた、墓を暴こうとした日の行動を報告する手紙の一説です。しかし、彼女がシェイクスピアの墓石を本当に動かそうとすることは、遂にありませんでした。

ディーリア自身は、「私の（墓を暴くという）実地調査が、即刻完全な成功をもたらすのでなかったとしたら、私はこの研究を続行する機会を失ってしまうのではないか……」と感じたと弁明しています。

これは逆にいえば、**ディーリア自身も自説を本気で信じられていなかった**ことを意味しているのでした。

ディーリアはこの日を境に、衰えがちだった心身の健康を確実に崩しはじめ、翌年の1857年6月には医師から「彼女はとくにその精神面において異常に興奮した状態」「完全な狂気におちいるであろう可能性を否定できない」と言われるほどになりました。

この2日後、医師に宛てて書いたディーリア自身のメモは、もはや完全に意味をなさないものになっています。

「あなたはアヴォン川を徒歩で渡った、あなたは呪いを解き放った。そこにおおよその理由がある（略）歴史は私にあり、解釈の糸口（略）」……支離滅裂な言葉の中に「呪い」という単語が見られますね。

ディーリアの周囲の人々は、当地で有名なシェイクスピアの「呪い」について、ささやきあっていたと思われます。

奇怪なことに、シェイクスピアの墓碑銘《めい》には、

**「ここに埋められし遺骸を、暴くことなかれ。この石に触れざる者に幸いあれ。我が骨を動かすものに災いあれ」**

という言葉が刻まれていたのでした。


ディーリアがアメリカに帰国したのは1858年4月のこと。以後、正気を取り戻すことはありませんでした。彼女はハートフォードの療養所で1年ほど過ごしたのち、翌年の9月に亡くなっています。48歳でした。

# 20世紀のヒロイン、マリリン・モンローはなぜそこで死なねばならなかったか

第35代アメリカ合衆国大統領、ジョン・F・ケネディ。

彼の女性遍歴は、新聞記者をしていたジャクリーンとの結婚後も、とどまることはありませんでした。しかし、それを日頃は大目に見ていたジャクリーンが**「彼女だけはダメ」**とジョンに訴えたことが一度あったそうです。

ホワイトハウス時代のジャクリーンのもとで働いていた「ある女性」の証言によると、**「とにかくやめてちょうだい。いやな予感がするのよ、ジャック（＝ジョンの愛称）。（略）彼女は問題を起こすでしょう」**と、ジャクリーンが珍しく取り乱している姿を目撃したそうです。

その「彼女」とは、映画女優マリリン・モンローのことでした。

ジャクリーンは妻の立場から、マリリンを蔑《さげす》んでいたのではありません。逆に、自分の夫が将来、マリリンを不幸のどん底にたたき落としてしまうことを恐れていたの

です。

## ジャクリーンがケネディに唯一「別れるように」言った女性

ジョンとマリリンが、いつから恋仲だったかはさだかではありません。1955年、もしくはその前年からジョンとマリリンにはすでに「面識」があったといいます。これはジャクリーンとジョンが結婚したわずか1～2年後のことです。

当時のアメリカのマスコミは、現代では考えられないほど紳士的で、政治家を政策以外でたたくことはあまりなく、プライヴェートについては見て見ぬ振りをしてくれたそうですが……。当時、ジョンだけでなくマリリンも既婚者でした。

マリリンは1956年に、11歳上の劇作家のアーサー・ミラーを前妻から略奪。彼の妻になりましたが、結婚後は夫婦生活に悩み、流産を経験し、情緒不安定でした。

**「愛されない女だと自分のことを思ってきたが、それは私から男性を愛そうとはしなかったから」**とのちにマリリンは言っています。

マリリンは、仕事と私生活のバランスも不安定でした。思えばジム・ドハティという一般男性との最初の結婚は、マリリンが映画女優になる夢を叶えようとして破綻しました。

2番目の夫、リッチでエネルギッシュな野球選手のジョー・ディマジオとの関係は短期間の同居をするもケンカが絶えず、終わりました。3番目の夫がミラーです。

彼女にとって男たちは単に**「愛情の対象」というだけでなく、マリリンが自分に欠けていると思う資質を補ってくれる存在**だったように思われます。

## なぜ、マリリンとJFKの仲は離れていったか

マリリンが次にのめり込んだのが、カリスマ性ある政治家のジョン・F・ケネディでした。

2人は当初、友人たちとともに、大統領が個人で所有するヨットで船遊びに出かけるなど「よい関係」でしたが……マリリンの情緒不安定で、睡眠薬中毒であるような病んだ一面をジョンが知るようになるにつれ、彼の気持ちは冷めていきました。

一方で、1961年にマリリンとミラーは離婚。マリリンにとっては3回目の離婚でした。その頃からマリリンは、ジョンの妻の座を狙うかのような挑戦的な言動を繰

り返しはじめたのです。

ジャクリーンが準備をしていた、パキスタンの大統領のための公式晩餐会《ばんさんかい》への正式な招待状がほしい、とジョンに電話してきたこともあったそうです。正妻に会いたがる愛人……恐ろしい結果しか想像できません。

ついにジョンは、普段は無視しがちだった妻・ジャクリーンの忠告を受け入れ、「友人」であるマリリンとの縁を切ると約束したのです。

## 「ハッピー・バースデイ、ミスター・プレジデント」

しかし、実際には2人は切れてはいませんでした。

1962年5月29日は、ジョン・F・ケネディ大統領の45歳の誕生日でした。

その10日前の19日、大統領の誕生日の祝賀会がニューヨークのマディソン・スクエア・ガーデンで行なわれることになりました。そのステージに、マリリンが姿を現わしたのです。

彼女は全身にクリスタルがきらめく、身体に張り付くようなドレスを身にまとい、「ミスター・プレジデント」のために、バースデイソングを吐息混じりのセクシーな声で歌いあげました。

当日、マリリンが出演することを理由にジャクリーンは欠席しており、ジョンは「口をぽかんと開けて」マリリンのパフォーマンスを見ていたそうです。

**その後、ジョンのホテルの部屋にマリリンは招かれますが……これが2人の最後の逢《あ》い引《び》きとなりました。**

それ以降、マリリンからの連絡にジョンが応えることはなくなったのです。

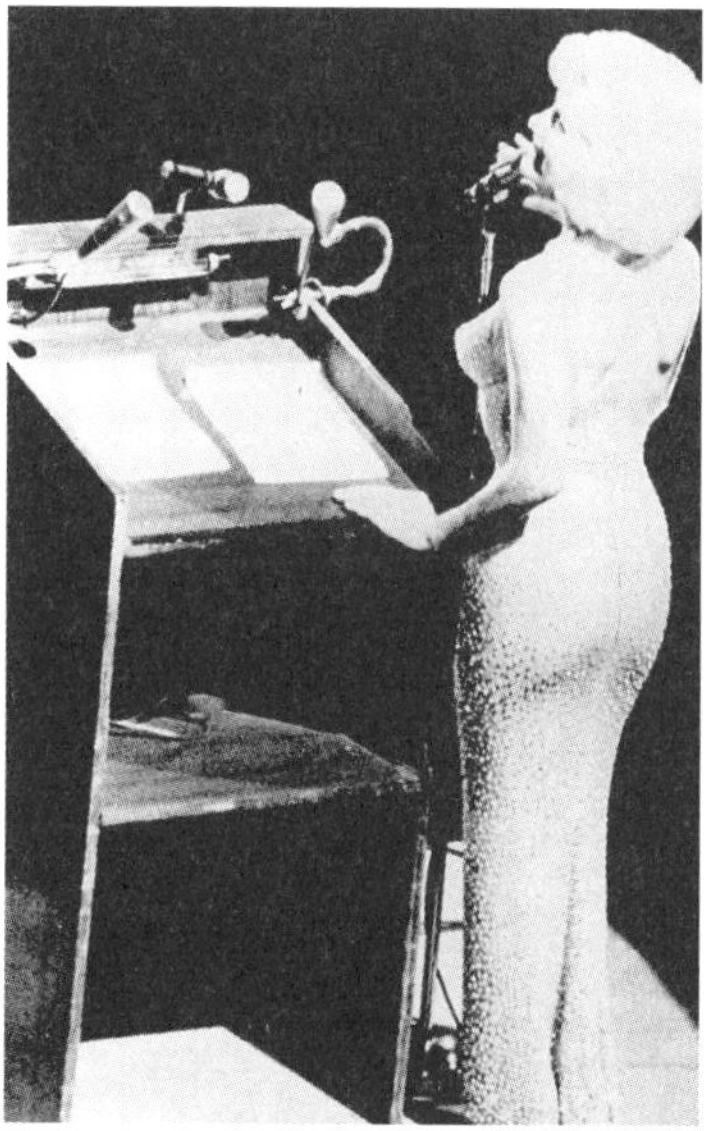
誕生日祝賀会で歌うマリリン

## ケネディ家の兄弟2人と〝深い関係〟に

悲しむマリリンを慰めた1人が、ジョンの弟であるロバート・ケネディでした。

ロバートは当時、ケネディ大統領の下で司法長官を務めていました。

ロバートと出会った1962年2月1日の夕食会で、マリリンは小さなバッグから折りたたんだ紙を取り出しました。そこには**口紅で、「司法長官はどんなお仕事をするんですか?」といった子どもっぽい質問が書いてありました。**

口紅を使ったこと以外、「何のてらいも、下心もない態度」だったとケネディ家の友人ジョーン・ブレーデンは語っていますが……このときのマリリンの態度に、筆者は深い心の闇を感じてしまいます。

マリリンは映画会社からのオファーで、グラマラスなのに無邪気で子どもっぽい金髪の女性の役ばかりを演じてきました。そして、そんな役しか回ってこない女優としての自分の殻を打ち破ろうと、アクターズスタジオで演技の猛勉強をしたり、自身で映画制作会社を立ち上げてもいました。

しかし彼女は仕事だけでなく私生活でも、無邪気な子どもっぽさを演じずにはいられないのです。そんな振る舞いがある種の男性には、一番効果があるとわかっているからやめられないのでしょう。まさに、ロバートには効果てきめんだったようです。

マリリンとロバートが愛人関係だったという者もいますが、ケネディ家に近しい人々からは**「彼らはただ、ふざけていただけ」**という証言が多いそうです。

## マリリンは「政府の極秘情報」を知りすぎていた？

しかし……大統領であるジョンと、司法長官であるロバートというケネディ兄弟との親しい交流を通じ、マリリンは〝知ってはいけない事柄〟を知りすぎてしまっていたのでした。

無邪気を装ってでしょうか。注目されたいからでしょうか。**「マフィアの力を借りて、アメリカのCIAが、キューバのカストロを暗殺するらしいわ」**などと、マリリンが政府の極秘情報を嬉々として話す姿がしばしば目撃されたそうです。

そして……大統領のためにバースデイソングを歌ってから、3カ月も経っていない8月5日。

マリリンがロサンゼルス郊外にあった自宅の寝室で、全裸《ぜんら》で亡くなっているのをメイドが発見します。マリリンに全裸で寝る習慣はありませんでした。

マリリンの死を隠蔽《いんぺい》するために、ロバート・ケネディが国家権力を用いたという物騒な説もあります。

## 彼女の亡骸が語る〝死の真相〟

彼女の遺体は検屍《けんし》解剖され、その結果、「前日に医師から処方された睡眠薬の多量摂取による自殺」だと断定されましたが……実は、マリリンの司法解剖は、なぜか完全には行なわれていないのです。

担当したのはトーマス野口博士でしたが、彼は**「マリリンは少なくとも、口から睡眠薬を飲んだのではない」**という結論を出しています。腎臓の数値が正常だったからです。

これを裏付けるように、アメリカの有名マフィアであったサム・ジアンカーナは、マリリンの暗殺をＣＩＡから依頼され、自らの手下に彼女を殺害させたと、自らの弟に話したといいます。さらに、**マリリンには睡眠薬の成分を濃縮した座薬《ざやく》を入れたと**語ったそうです。

胃の粘膜《ねんまく》がさほど荒れていないことから、致死量の睡眠薬を飲んだとは考えられない状態だったのは確かです。

そもそも、トーマス野口博士は肝臓、腎臓、胃の組織検査を依頼していたのにもかかわらず、上司から「臓器は事故によって台無しになってしまった」と説明され、マリリンの解剖はそれっきりにされてしまったというのです。

　さらに**マリリンの死の当日、ロバート・ケネディがマリリンの住んでいる地区までヘリコプターを飛ばした記録が残っており（公式にはロバートが現場にいたことは否定されていますが）、ロバートに彼女が何度も電話した記録**も近年、発見されているようです。

　マリリン36歳（公称年齢では34歳）での、あまりに不審で、謎めいた死でした。

　映画女優になって以来、彼女の本来は褐色《かっしょく》の髪の毛は、明るいプラチナブロンドに染められ続けていたため、頭皮とともに傷《いた》み、ボロボロになっていました。太りやすい体質を気にして、無茶なダイエットを繰り返していたため、摂食障害寸前にまでなってもいました。

　スクリーンや公の場では微笑みを浮かべ続けたマリリンですが、心には悲しみや苦しみを常に抱え、自殺をはかったことも何度もありました。

　死の直前には、関係がこじれていた20世紀フォックス社と50万ドルで再契約し、主演映画が決定していました。マリリンはこれに狂喜していたそうです。

だからこの時期に彼女が自殺するはずがない、という指摘もあります。しかし、「自分の演じたい役」と「世間の求める役」に折り合いがつかなかったマリリンのような女優にとって、「演じること」は単純に喜びだけではなかったでしょう。主役であり続けるプレッシャーに、耐えきれなくなっていたとしてもおかしくはありません。

自殺だったのか暗殺だったのか、真相はいまだ明らかではないにせよ、彼女は死ぬべくして死んだというしかないところまで追い詰められていたのでしょう。


〝本当の愛情〟と〝自分の居場所〟を求め続けたマリリン・モンロー。

その謎めいた悲しい死を振り返るとき、「微笑みを絶やさないで。人生は美しい。笑顔になれる理由は人生にあふれている」という彼女の言葉は、むなしく響く気がします。

# 3章

# 人は、「欲望」から逃れられない

## ――それゆえに〝あやまち〟は起こり続ける

# 「私はロシア皇女アナスタシア」とウソをついた元娼婦の数奇な一生

「自分にそっくりな人が、世界に3人いる」という話を聞いたことはないでしょうか。
この言い伝えは、日本だけでなく欧米圏にもあるのだそうな。
自分とそっくりな誰かが、自分とは真逆の恵まれた人生を送っていたとしたら……
その人とすり替わってみたいと思ってしまうかもしれませんね。

## 「末娘だけは生き残っている」という新聞記事を見て

1920年2月17日の深夜、ベルリンのなかば凍ったラントヴェール運河に身投げした若い娘が、警官の手で救助されました。彼女はそれから1年あまりを病院で過ごすことになります。

彼女の本名はフランツィスカ・シャンツコフスカ。アンナ・アンダーソンの偽名のほうが有名でしたが、本書では彼女を本名のフランツィスカで呼ぶことにします。
彼女はポーランド出身の貧しい工場労働者で、娼婦だった時期もありました。しかし入院生活の中で、自分の名前も身元も決して明かすことはなく、便宜上「お嬢さん」と呼ばれていたのです。

ところが1921年10月末、フランツィスカは「自分の正体」を看護婦に告げました。

**「実は私は、ロシア皇帝の娘なの。私は皇女アナスタシアよ。でもこのことは、誰にも言わないで」**

思えばそれは、看護婦が10月23日付けの新聞を彼女に手渡した数日後のことでした。その新聞には**「皇帝ニコライ2世一家は、ボリシェヴィキによって処刑されたが、末娘のアナスタシア皇女だけは、重症を負《お》いながらも生きている」**という記事が載っていたのです。

フランツィスカは、なぜそんなウソをついてしまったのでしょうか。冗談のつもりだったのでしょうか。悲惨な過去を捨てたいフランツィスカにとって、別世界の住人のロシア皇女・アナスタシアの名を騙《かた》ることに、それほど罪悪感はなかったようです。

## ロシアの亡命貴族たちの「希望の存在」になってしまう

しかし、フランツィスカのウソは、本人の想像以上の事態を引き起こしてしまいました。ドイツ内外から、ロシア帝室の関係者が、大挙《たいきょ》して彼女の病室を訪れるようになったのです。

彼女はやがて、ロシアの亡命貴族の「ある男爵夫妻」に引き取られ、彼らの屋敷で暮らすようになります。

その男爵夫妻には、生前の皇女アナスタシア本人との面識はありませんでした。ただ、男爵夫妻は、フランツィスカの話を心から信じようとしました。生き残ったアナスタシアの名を騙るフランツィスカは、彼らにとって亡命生活の中の「希望」になってしまったのです。

フランツィスカは外見的にはアナスタシアによく似ていました。

身長や青みがかった灰色の瞳、外反母趾《がいはんぼし》の足指……さらに**彼女の右足には、革命政府の役人が処刑のときに使っていたであろう銃剣の形と一致する、三角形の刺し傷までありました。**

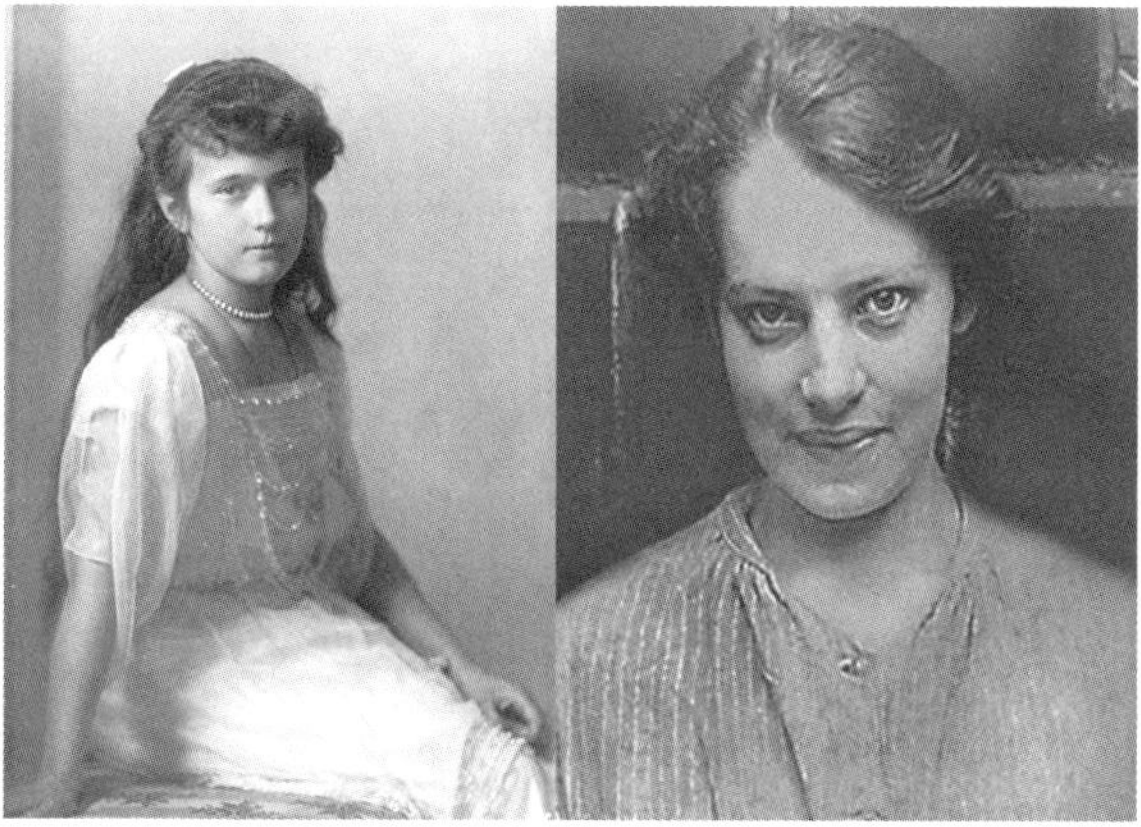

本物の皇女アナスタシア（右）とフランツィスカ（左）

## なぜ彼女の〝支持者〟が後を絶たなかったのか

不可思議なことに、彼女は皇帝一家やアナスタシアについて、本当に親しい人々しか知らないはずのことを、なぜか次々に話すことができました。

アナスタシアと「完全に同じ筆跡」でサインすることもできました。アナスタシアのためだけに作曲され、演奏されたワルツを聴いて涙を流したことまでありました。

しかし……**フランツィスカは当時、ロシア語を話せませんでした**。英語、ドイツ語、フランス語は流暢《りゅうちょう》に話したというのに。

そんな中、フランツィスカは、ロマノフ家や革命前のロシア帝室に関する本を読みあさるようになります。また、宮廷の礼儀作法も懸命に独習しました。

そんな付け焼刃の知識では、もちろんボロをたくさん出してしまうのですが、**支持者たちは、それも「革命後の生活のトラウマによる記憶障害ゆえだろう」と、善意で解釈し続けました。**

しかし、フランツィスカはその人々の善意によって精神的に追い込まれ、言動に異変を表わすようになります。

彼女の話はつじつまが合わなくなり、何度もヒステリーの症状を起こしました。男爵夫妻がそれに手を焼くようになると家を出て、彼女は療養所と別の支持者の屋敷を渡り歩き、最後にはアメリカにまでたどり着きます。

ロマノフ家の生き残り全員が、フランツィスカはアナスタシア本人ではなく、ニセモノだと宣言した後も、彼女は自分をアナスタシアだと言い張り続けました。

彼女の支持者は、アナスタシアが生きていてほしいと純粋に願う人々だけではありませんでした。アナスタシアの父帝・ニコライ2世は、ベルリンの銀行に200万リーブル（現在の貨幣価値で約2000万ドル以上）もの巨額の預金があり、この相続権をフランツィスカは主張していたのです。

つまり、**フランツィスカの支持者の大半は、その遺産の分け前をえることを期待していた人たちだったともいえるのです。**

１９６１年、西ドイツの最高裁判所はフランツィスカの訴えを棄却《ききゃく》（37年にもわたったこの法廷論争は、ドイツ史上最長の裁判です）。それでもフランツィスカは、自分がアナスタシアであると主張し続けました。

## 70年の時が流れて――遺伝子調査の〝動かぬ真実〟

１９４０年代後半以降はアメリカに渡り、支持者の買ってくれた家をゴミ屋敷にしながら、大量のネコたちと暮らしています。狂気の兆候が静かに表われていました。

１９６８年、72歳になっていたフランツィスカはゴミだらけの家の中で倒れ、支持者の勧めで20歳以上も年下のジョン・イーコット・マナハンという「優秀な」歴史学者と結婚します。**彼は自分を「ロシア皇帝の義理の息子で、自分は将来、ロシア皇帝になる」と言い張っていた**とか……。

ゴミ屋敷は、フランツィスカの精神状態の象徴でしょう。皮肉なことに、アナスタシアの名は「復活」を意味していたのに、彼女はその名によって狂気の底に沈んでいくことになったのです。

貧しい庶民が、縁もゆかりもないロシア皇女を、生涯にわたって演じ続けなくてはならないことのつらさ。そして、上手なウソをつき続けるしかおのれを生かす道はないフランツィスカの感じていたプレッシャーの大きさは、想像するだけでも恐ろしいものがあります。

1984年、フランツィスカは脳卒中に倒れ、その後、肺炎で亡くなります。認知症も患っていました。夫・マナハンは「妻はソ連に謀殺《ぼうさつ》された」と思い込み、取り乱しながらも、**彼女の死亡証明書の氏名欄に「アナスタシア・ニコラエヴナ・マナハン」、職業欄に「ロシア皇族」**と書き入れました。

「アナスタシア・ニコラエヴナ・マナハン」の正体が、何者でもない〝フランツィスカ〟だと判明したのは、1994年の遺伝子調査によってでした。フランツィスカは特殊な腸の病気だったようで、細胞組織が保存されていたのです。

彼女の正体を判断するために、本物のアナスタシアの血縁にあたる、英国女王エリザベス2世の夫君・エジンバラ公のDNAサンプルが提供されました。

両者の遺伝子を調査した結果、彼女は、本物のアナスタシアとは血縁もゆかりもなく、失踪《しっそう》していたポーランド女性のフランツィスカ・シャンツコフスカだという真実が明らかになったのでした。

彼女の足の三角形の傷も、革命政府の役人に突かれたのではなく、**彼女がまだフランツィスカ自身として生きていたとき、ベルリンの農場で働いていた頃に、同僚に農具で襲われた際に負傷した跡**だと判明します。

1920年の入水自殺が未遂に終わったとき、フランツィスカは「ここが自分の人生のどん底だ」と信じたのでしょう。一時の気の迷いで皇女アナスタシアの名前を騙ってしまったフランツィスカの罪に、運命が用意した罰はあまりに残酷でした。

# 万有引力を発見したニュートンの夢は「錬金術師」だった

リンゴが木から落ちるのを見たことがきっかけで、「万有引力」を発見したという逸話で有名な物理学者アイザック・ニュートン。ただしこのリンゴの逸話は、18世紀フランスの哲学者ヴォルテールの創作で、事実ではないとされています。

ニュートンが発見した「万有引力」とは、リンゴと地球にとどまらず、あらゆる物体の間に存在する（＝万有する）引力のことです。

驚くべきことに**「万有引力の法則」を発見したときのニュートンは26歳の若さで、身分はまだケンブリッジ大学トリニティ・カレッジの学生にすぎませんでした。**

しかも、ニュートンの生涯の功績として知られる「運動の三法則」や「微分・積分法」の発見のいずれもが、それ以前になされていたのです。

このように何の問題もないようにすら思える「偉人」ニュートンの人生ですが、より深く迫っていくと、知らないほうがよさそうなエピソードが多々あるのです。

中でもおどろおどろしいのが、彼の「金」への妄執でした。

## 「最後の魔術師」の研究室で行なわれていたこと

20代半ばまでに、生涯におけるすべての発見をしてしまったニュートンはその後、大学の研究室で夜を徹《てつ》してまで何をしていたのでしょうか。

それは、錬金術《れんきんじゅつ》の研究でした。

**ニュートンが生涯をかけて追い求め続けた「金」とはマネーというよりゴールドで、錬金術による黄金の錬成《れんせい》に、彼は血道《ちみち》をあげていた**のです。

ニュートンの生きた17世紀は、科学とオカルティズムがまだ不可分の状態になっていた最後の時代にあたり、最後の錬金術研究ブームが巻き起こっていました。

錬金術とはその名の通り、**黄金を人工的に錬成する手段の研究**のことです。科学というより魔術の領域です。

ニュートンは「最後の魔術師」などともいわれますが、彼の研究室では奇怪な現象が起きていたことが、彼自身のペンで書き記されているのです。

## あらゆる金属を黄金に変える「賢者の石」とは

ニュートンが最終的に作ろうとしていたのは「賢者の石」です。

錬金術の言い伝えでは、賢者の石さえあれば、鉛《なまり》などの価値の低い金属も、黄金に変えることができるとされていました。

その賢者の石の錬成にはまず、「賢者の水銀」が必要でした。「賢者の水銀」には、普通の水銀とは異なる「魔力」があり、金をやすやすと溶《と》かしてしまうだけでなく、まるで金に生命を与えたかのように成長させることができるとされていました。

しかし、その「賢者の水銀」を作る方法が古書に具体的に指し示されているわけではありません。

そこで、ニュートンは材料を特殊な方法で混ぜ合わせることを考案します。具体的には「熟成、粉砕、洗浄、乾燥、蒸留」といった作業を7セット繰り返すと**「あらゆる金属、とくに金を溶かす水銀が作られる」**とニュートンは書いています。これが彼の生み出した「賢者の水銀」でした。

「私は、金と、この水銀（＝賢者の水銀）を入れた多数のガラス器を炉《ろ》の上にかけている。これらガラス器の中で、金と水銀は樹状に育つ（略）。**この水銀のおかげで、金は成長し、育てられ（略）芽や枝をつけはじめ、日々色彩を変え、その姿が毎日私を魅了する**」

そのようにして成長した金は七色に光り輝くそうで、この状態をニュートンは「孔雀《くじゃく》の尾」と呼んでいます。いうまでもなく、これらは通常の科学法則では考えられない異様な現象です。水銀で煮たくらいでは金は溶解《ようかい》しませんし、いったん溶けた金が植物のように成長することもありえません。

しかし、**ニュートンが作り出した「賢者の水銀」は「氷が湯に溶けるように、心地よく、自然に」金を溶かしてしまった**そうです。

残念ながら、ニュートンが「賢者の石」の錬成に成功したかどうかは、彼のすべての手稿《しゅこう》が現存するわけではないので、わかっていません。

20世紀前半を代表する経済学者のジョン・メイナード・ケインズは、ニュートンの秘められた一面に興味を持ち、オークションに売りに出された錬金術関係の手稿類を一括購入しています。そう、ニュートンを「最後の魔術師」と評したのは、ケインズなのでした。

20代半ばまでに、その後の科学のあり方を決定する発見を立て続けになしたのち、錬金術の世界に向かってしまった「最後の魔術師」アイザック・ニュートン。

**水銀や砒素《ひそ》など、人体に有毒な成分を錬金術の実験で扱い続けたにもかかわらず、1727年に84歳で亡くなるまで彼の髪はふさふさ、歯は1本抜けただけ**という健康体のままで過ごせたこと自体、大きな謎といわざるをえません。

もしかしたらそれにも、錬金術が関係していたのかもしれませんね。

## 「ホームズを葬らねば……」作家コナン・ドイルの愛と憎

創作を行なう者には、作品が自分の分身のように思えることがあります。

しかし、**自分ではあまり気に入っていない作品が、世間に高く評価された場合、その成功が大きければ大きいほど、作者は逆に大きな苦悩を味わう**こともあるのです。

推理小説家アーサー・コナン・ドイルの名前は知らない人でも、名探偵シャーロック・ホームズの名は知っているでしょう。

そんなホームズは、彼の「生みの親」であるコナン・ドイルにとって愛憎入りまじる存在でした。

コナン・ドイルは当初から、専業小説家を目指していたのではありません。

19世紀後半のイギリスの中流階級に生まれた彼は、医者を目指して、1885年7月にはエディンバラ大学医学部で博士号を取得しています。

しかし、医学博士号取得までは紆余曲折の道のりでした。経済的に苦しかったので、19歳で大学を休学して医師助手になったり（19世紀末の医学は現代とは比べものにならないくらいにいい加減で、医学を修《おさ》めていない若者ですら医師助手になれました）、その後も再度休学、身分はいちおう船医だったにせよ、捕鯨船に乗り込んでいます。

医師としての自分にコナン・ドイルは自信を持てないままでしたが、1881年、22歳でようやく医学士と外科修士を取っています。

そこにはある女性の影がありました。ルイーザ・ホーキンズという女性と熱愛の末、結婚もした時期なので、医師としてまじめに働かざるをえなくなったのでしょう。女嫌いのホームズとは真逆で、コナン・ドイルは恋愛体質でした。

## 「書きたい小説」と「売れる小説」のはざまで

医師とはいえ、給料は知れたものでしたし、もともと医学に興味が強かったわけではない。そんな中、友人に文章をほめられたことをきっかけに、コナン・ドイルは医師を続けながら、次々と短編小説を発表し、のちには長編小説に挑戦しはじめます。

ところが彼の志《こころざ》していた「一流文学」である長編歴史小説は、診療時間の合間に書けるものではありませんでした。しかも、**せっかく時間をかけて長編を仕上げても、評価は短編を書いていたときよりも低い**のです。養《やしな》うべき妻のいるコナン・ドイルは、医師としての収入不足を原稿料で補いたいので焦ります。

「二流文学」と位置付けていた探偵小説の執筆を、いやいやながら考えついたのは、１８８６年３月８日のこと。

ホームズとワトソンが登場するシリーズ第１作となる『緋《ひ》色《いろ》の研究』は１カ月後に完成しますが、発表先が見つからないままでした。

ようやく１８８７年11月、『緋色の研究』は単行本ではなく『ビートンズ・クリスマス・アニュアル』なる雑誌に掲載されました。なかなかの高評価を得た『緋色の研究』は翌年単行本化され、よいセールスを記録します。

コナン・ドイルは生活のために探偵小説を発表しながらも、歴史小説のジャンルでの大成を試みるのですが……世間に**評価され、景気よく売れるのはなぜか「ホームズもの」の探偵小説だけ**という、彼にとっては残念な結果しか出なかったのでした。

## ホームズを作品中で「葬り去る」ことを決意

この頃、コナン・ドイルは医師としても挫折《ざせつ》しています。無資格の眼科医としてロンドンで開業し、失敗したのです。

しかし、彼にはホームズがいました。医師のキャリアでつまずいても、新刊を出すたび人気が上がるホームズのおかげで、収入に心配はありませんでしたが、のちにジレンマがコナン・ドイルを苦しめるようになります。

**「大衆が求めたのはシャーロック・ホームズの物語だったので、私はそのためにときどき非常な努力を強いられた。**そうやって短編集2冊分を書き上げたところで、自分でも無理をして書いていると思うと同時に、文学的にレベルが低いと見なされているのではないかと思った。**そこで私の決意表明として、主人公の命を絶つことに決めたのだ」**

コナン・ドイルは、自らの作品中でのホームズ殺害予告について、このように述べています。

まるで、ホームズを生かしておいたら、文学者としての自分が殺されるとでもいいたいような口ぶりですね。

しかし、ホームズが稼いでくれる額はバカになりませんでした。しかも、1892年には妻ルイーザが待望の長男を産んでいたので、彼はホームズ殺人計画をなかなか実行に移せなかったのです。

それでも周囲の忠告をすべて無視し、彼はホームズをいかにしてインパクトのある方法で葬《ほうむ》るかを考え続けました。

そしてついに1893年に発表された『最後の事件』のラストで、シャーロック・ホームズは大悪人・モリアーティ教授と揉《も》み合いながら、死の淵《ふち》と呼ばれたドイツ・ライヘンバッハの滝壺《たきつぼ》に落ちていきました。

ところがホームズの死が明らかになると、世間に異変が起きます。

コナン・ドイルによるホームズ殺害のニュースは、イギリスどころか世界中の名だたる新聞の第一面をかざり、読者からは怒りの手紙が舞い込み、道を歩くコナン・ドイルを自分の手提げカバンで殴りにくる「愛読者」もいました。

ホームズが掲載されていた雑誌は2万人もの読者を瞬時に失い、**英国王までもがホームズの死を嘆き悲しんでいるという情報**も流れました。

そこに、コナン・ドイルの妻ルイーザが肺結核の症状を示しはじめたのです。妻の寝室から出てきた医師に「非常に重症でほとんど治る見込みはない」と告げられ、コナン・ドイルは驚愕します。

心やさしく、控えめな妻だったルイーザは、自分の体調の悪さは見せないようにしていたのですね。長男の出産がきっかけで彼女は体調を崩し、ついには肺結核になってしまったのでした。

妻の病を知ったコナン・ドイルはすべての仕事をやめ、スイス・アルプスの静養地ダヴォスへ妻に同行しました。数カ月の命といわれたルイーザですが、それから13年間も長らえました。

妻が小康《しょうこう》状態になると、コナン・ドイルは彼女のもとを離れ、各地で講演活動をしたり、取材を受けたりすることもありましたが、聞かれるのはいつもホームズの話ばかり。

ホームズの死から4年経ても、

**「ガマンできないほどのストレスを感じました。もちろん、続ければ収入が増えたでしょう。ホームズはもっとも金になりましたからね。だが、文学としてはクズでしょう」**

などとコナン・ドイルが記者に述べた記録が残っています。

## ホームズを復活させた〝苦渋の決断〟

しかし……ホームズ復活を拒否し続けて8年が経ったとき、コナン・ドイルはそのときに書いていた推理小説の作品の主人公には、ホームズしかいないと自ら気づいてしまうのです。

悩んだコナン・ドイルは、**その作品の時間軸をホームズが滝に落ちる前に設定**しました。こうして生前のホームズの物語である『バスカヴィル家の犬』が完成され、大好評を博します。

「ホームズものは二度と書かない」という禁を一度破ると、あとは想像通りの展開が待っていました。巨額の原稿料と引き替えに、滝底に落として殺したはずのホームズを復活させた新シリーズを執筆せざるをえなくなったのです。

1903年、新シリーズの第1作目『空き家の冒険』が発表されました。コナン・ドイルがホームズを生き返らせるために考えたトリックは酷いものでした。

ホームズは実は日本の格闘技「バリツ」の名手で、モリアーティ教授につかまれた手をすり抜け、自分だけ谷底へ落ちなかった。そして格闘技で鍛《きた》えた筋力で、険《けわ》しい崖《がけ》を這《は》い上って身を隠していた……というのです。

これほど創作の苦しみを感じさせる一節はないかもしれません！

1906年、妻ルイーザがとうとう亡くなります。

のちに別の女性と再婚したコナン・ドイルですが、**ホームズものを書き続けながら心霊主義に傾倒し、イギリスを代表するオカルティストに**なってしまいました。晩年になるほど『エクトプラズムの謎：絶対的証拠』『実在する妖精世界：妖精物語』といった本ばかり出版しようとして、編集者を困らせました。コナン・ドイルはホームズの大先生なのです。むげに扱うわけにはいきませんからね。そしてホームズの印税は、心霊主義者としての彼の活動を助けました。

**「あのとき、ホームズを復活させたことについて、私はまったく後悔していない」**

……これが晩年のコナン・ドイルの結論でした。

# 人生そのものが〝悲しい童話〟のようだったアンデルセン

我が国でも有名な、19世紀デンマークの偉大なる童話作家、ハンス・クリスチャン・アンデルセン。

アンデルセンの大半の童話は、グリム兄弟の「最後には、苦労が報《むく》われる」というストーリーの童話とは正反対の、報われない結末を持っているとされます。

『マッチ売りの少女』は少女が野垂れ死に、しかも凍死するのです。

『人魚姫』では、人魚姫はその声を失うかわりに脚を得ますが、王子様からは愛されず、最後は海の泡になって消えてしまいます。

それには作者のアンデルセンの自信のなさ――「顔中が鼻」といわれる大きすぎる鼻や、でくのぼうのような細長い身体をからかわれ、いじめられて育った彼の、**愛をえたくてもえられないというコンプレックス**が影響していました。

## 恵まれない生い立ち、夢に破れた思春期

アンデルセンは自伝の中で**「私の少年時代は一編の美しい物語であった」などと書いていますが、これは悲しいウソ**でした。

彼の少年時代は悲しいものです。同居の祖父と祖母は2人とも「夢見がち」どころか、自らの内なる狂気に囚《とら》われていました。父親のハンスは靴職人を自称していましたが、仕事がこないため極貧にあえいだ末、早死にしてしまいます。

彼の家族は、社会に居場所のない人たちばかりでした。

母親アンネ・マリーは心やさしい人でしたが、結婚せぬまま行商人の私生児（アンデルセンにとっては異父姉）を出産した過去を持ち、さらに年齢を一説によると15歳ほどもごまかして結婚した年下の夫・ハンスに先立たれると、生活のためにまたもや年下の男と再婚します。しかしその若い夫は働かず、一家の暮らしは苦しいままでした。

アンデルセンは、男と酒に依存するしか生きる道のない母の姿にいたたまれなくなり、家を出ることを決心します。

14歳の若さで、なんの学もない彼が漠然《ばくぜん》と「クリエイター」を志し、故郷のオーデンセの貧民街を捨て、デンマークの首都・コペンハーゲンに飛び出していった経緯はそんなものでした。

しかし何を考えたのやら、彼は容貌がコンプレックスなのに舞台俳優を目指し、それに挫折すると、なんのトレーニングもしたことがないというのにプロのバレエ・ダンサーになろうと、シャーリ夫人という名ダンサーの家を突撃訪問するのでした。

「どんな役ができるの？」と不機嫌そうに聞かれると「なんでもできます！」とアンデルセンは言い放ち、マジメな顔で靴を脱ぎ、帽子も脱ぎ、それをタンバリンがわりにたたいて踊ったり、歌ったりしはじめたのです。

**プレッシャーを感じると、口から出まかせが飛び出て、道化《どうけ》と化してしまう……**彼にはそんなクセがありました。シャーリ夫人はアンデルセンの踊りの酷さに怒り出し、彼は家から放り出されます。

つらい現実から逃れたいからか、アンデルセンにはこうした深刻な虚言癖《きょげんへき》がありました。それがのちの創作活動を支えるのですから、皮肉としかいいようがありません。

## 『人魚姫』の悲恋のモデルとなった恋

1830年の夏、25歳のアンデルセンは学友の姉に恋をします。それが彼の遅い初恋でした。しかし彼女との結婚を想像するだけで、彼は激しい悪寒に襲われ、パニック状態におちいってしまうのです。

アンデルセンは、**「自分のような醜くダメな男を、彼女が愛してくれるはずがない」**と、生身の女性が怖くてたまらず、その目を見ることすらできませんでした。シャイなだけならまだ救いはありますが、アンデルセンは「賢明な人なら茶色の目をしている」、「情け深い人は青い目をしている」という彼独自の奇妙なルールを持っていました。そしてもし、彼女の瞳の色が自分に望ましくない性質を表わしていたなら、立ち直れなくなるため、それが「怖い」のでした。ちゃんと愛されたことがないので、愛し方もわからない……すべてがこんな調子なのでした。

女性が怖いアンデルセンは、美男子にも迫ります。

彼に高等教育を受ける機会を与えてくれた王立劇場の支配人ヨナス・コリンの甥《おい》の

エドヴァーに対し、「2人の親しさを表わすために『きみ』と『ぼく』と呼びあわないか？」とアンデルセンは提案したことがあります。

しかしエドヴァーは彼の申し出を拒否します。それでもアンデルセンは負けじと16年もこの問題を蒸し返し続けました。16年もですよ！

**『人魚姫』での報《むく》われない愛は王子のモデルがエドヴァー、人魚姫のモデルが……もうおわかりのようにアンデルセンだといわれています。**

自分という存在と世間の冷たさに悩み、苦しんだアンデルセンは、「大人のための童話」という彼にしか書けない、魔法のジャンルを確立させました。

彼は「ダメ人間」であることを極め、それゆえに書けた作品で、「偉人」へと奇跡の転身を遂げていった男でした。

アンデルセンはデンマークの国民的作家にまで出世し、70歳で亡くなります。その葬儀は国葬でした。『醜いアヒルの子』の童話を、自分の人生で体現してみせたのです。

## 考古学を揺るがした「ピルトダウン原人」捏造事件

1912年、**「人類発祥の地はイギリスだった」**というニュースが全世界を駆けめぐりました。

イギリスのイースト・サセックス州にある、**「ピルトダウン」という小さな村の近郊から、現生人類のいわば祖先にあたる「曙人《しょじん》」の化石が発見されたと**、大英博物館が発表したのです。

発見者はチャールズ・ドーソンだったので、彼の名をつけて「エオアントロプス・ドーソニ」という学名が授《さず》けられました。通称は「ピルトダウン原人」です。

イギリスの人々の喜びは、とりわけ大きいものでした。大陸部のヨーロッパに比べ、イギリスで古人類の化石が発見されることはまれでした。そこに最古の人類……つまり**「世界中のすべての人類の祖先はイギリスにいた、人類の歴史はイギリスからはじ**

まった」と喧伝《けんでん》できるような材料が発見されたのですから。

1913年以降、ピルトダウン周辺では継続して発掘調査が行なわれ、ピルトダウン原人の犬歯《けんし》などが次いで発見されます。チャールズ・ドーソンは、イギリスの英雄の座に祭り上げられました。

イギリスの研究者が望みうる最高の栄誉位である、王立協会の会員にも推挙されますが、選挙の結果、落選しています。1913年のことでした。その後、ドーソンは1916年、敗血症《はいけつしょう》で亡くなりますが、それは栄光に包まれた最期でした。

## 素人による「お粗末な作り物」だとわかるまでの40年間

ドーソンの本職は事務弁護士です。法廷で使われる書類を作成するのが専門の事務弁護士の仕事は、法廷弁護士とは異なり、地道な作業の連続です。

そんなドーソンの趣味が、日曜考古学者でした。週末、自分の住んでいるピルトダウンの周辺を散歩するついでに、発掘をするのが好きだったそうです。そんな彼が、ピルトダウン原人の頭蓋骨の一部を発見できたのは、幸運中の幸運ともいえる出来事だったのです。

しかし……北京《ぺきん》原人やアウステラロピテクスといった1920年代の古人類の発掘ラッシュの中で、ピルトダウン原人の立場はどんどん悪くなっていきました。

他の古人類には〝共通する進化のプロセス〟があるのに、ピルトダウン原人だけがそのプロセスに当てはまらないのです。

ピルトダウン原人が、素人の技術で作られたおそまつな「贋作《がんさく》」だと、科学的に結論づけられたのは、1953年、オックスフォード大学の調査を受けてのことでした。

このとき、ピルトダウン原人の**アゴの骨と思われる部分はオランウータンのものであること、年代を古く見せようと骨が染色されていたことなどが判明しています。**

かつて、発見時にピルトダウン原人の骨を本物だと鑑定したのは、大英博物館のスミス・ウドワードでした。

過去の事件にせよ、〝イギリス最高の学術機関〟としての大英博物館の自然科学部の権威は、地に落ちてしまいます。真っ赤なウソを真実として報告するドーソンのような人間は、大英博物館には想定外だったということです。

## "ニセモノの骨"はどこで入手されたのか

２０１６年には、最新の科学技術による再解析が行なわれ、ドーソンが発見……いや製作したピルトダウン原人の骨の多くは、１頭のオランウータンのもので、その他の部分は中世のものらしき人骨だという事実が明らかになりました。

ドーソンがどこで人骨を手に入れたかはわかっていませんが、**彼は少しでも古人類の骨に見えるよう、年代の古い墓を見つけてはひそかに暴き続けていた**ようです。

こんな薄気味の悪いドーソンに騙《だま》されてしまった研究者たちのリストには、先ほどの大英博物館のスミス・ウドワードだけでなく、のちに北京原人を発掘するピエール・テイヤール・ド・シャルダンの名もありました。

**「すべてはドーソンの単独犯行で、他の研究者たちは騙されていたにすぎない」**という結論が出されたため、これらの関係研究者の名誉は、かろうじて守られた形となりました。捏造《ねつぞう》に加担した「詐欺《さぎ》者」ではなく、「詐欺の被害者」ということになったのですから。

しかし、彼らの目にドーソンは一様に、誠実で博識な英国紳士にしか見えなかったといいます。

## 「誠実な英国紳士」がなぜ、とんでもない捏造に走った？

ドーソンが捏造に走った理由として、二つ年下の優秀すぎる弟の存在があったといわれます。弟のアーサー・トレヴァー・ドーソンには１９０９年、ナイトの位が授けられています。

一方、ドーソンは、本職ではリタイア目前ながら、とくに何の功績もない事務弁護士でしたし、日曜考古学者としても、目立ったものは発見できていませんでした。

ドーソンの妻は、弟に比べると鳴かず飛ばずで人生を終えようとしている夫のためでしょうか、それとも、そんな夫に尽くすしかなかった自分の人生を逆転させたかったからでしょうか——当時内務大臣だったハーバード・グラッドストーンに宛てて**「ナイトより下位の爵位《しゃくい》・バスでいいから、どうか夫の長年の『研究』を評価して、授けてやってほしい」**と、手紙を書いています。

「私の夫は（略）４半世紀にわたり余暇を科学的研究に捧げ、大英博物館の自然史コレクションに多大な貢献をしてきました」

「尽力はこれまで報われたことがなく」

……こうした彼女の手紙の一節からは、人生への恨《うら》みのようなものが感じられます。

## 近代科学史上最大のイカサマに狂わされた学者たち

しかし……そんな「名誉ほしさ」のイカサマに、多くの学者たちの運命と人生が巻き込まれ、狂わされてしまったのです。

ドーソンがピルトダウン原人の骨を大英博物館に持ち込んできたとき、その骨を直視した前述の**スミス・ウドワードは、1944年に亡くなるまで、ピルトダウン周辺の土を掘り返し続けました。**

ウドワードは失明してなお、ピルトダウン原人の骨の発掘にかける自分の情熱を、口述筆記させた自伝を晩年に作らせたほどでした。

1920年代にはすでに、ピルトダウン原人の骨は作りものだと考えたほうが科学的だと、知識のある者であればあるほど理解できていたはずなのに……それでもウドワードは、ピルトダウンの土を掘り返し続けたのです。

自分の過去の栄光にとって「不都合な現実」を、直視することのできない老科学者の姿には、鬼気迫るものを感じてしまいます。

また、北京原人の発掘などによって考古学の大家になっていたピエール・テイヤール・ド・シャルダンは、その若き日に、ドーソンがあらかじめ埋めておいた犬歯を「発見」させられています。そのピルトダウン原人の骨が、すべてドーソンによる捏造だったと知らせる手紙を受け取ると、彼は**「まったく気づいていなかった。ショックだ」**などと言っています。

しかし――発見された骨は、素人が拙《つたな》い技術で捏造したものにすぎなかったのです。専門家のシャルダンは本当に、最後まで勘づいていなかったのでしょうか？

**「本物であってほしい」という願望が目を曇《くも》らせ、イカサマに目をつぶらせた可能性はなかったのでしょうか？**

実力だけで何かを成し遂げるというより、神の与える幸運にすがるしかない――そんな考古学のシビアな世界に魅《み》せられてしまった人々の心の闇がさらけ出されてしまったのが、ピルトダウン原人にまつわる捏造事件でした。

# 4章

# 「生まれる時代」を選べぬ不幸

## ——因習、無知、病……想像を超える恐怖

## ジャンヌ・ダルクも受けた……非科学的な「処女検査」

かつてのキリスト教文化圏においては、「処女には神秘の力が宿る」と信じられていました。処女はあまりに神聖であるとされていたので、彼女たちを処刑することもできないほどでした。

15世紀前半の聖女ジャンヌ・ダルクは、もし自分が処女ではなくなったならば、神の声を聞き、天使や聖人の存在を身近に感じられるという超能力が消えてなくなると信じていました。そのため**部下たちには、自らを「ジャンヌ」ではなく、ただ「処女」と呼ぶように**と頼んでいました。

ジャンヌは神から受けた指示通り、国王シャルル7世を助け、フランスをイギリスから軍事的に解放することに成功します。しかし平和は長くは続かず、仲間のフランス人から裏切られた結果、ジャンヌはイギリス軍側に囚われてしまいます。

## 「魔女は悪魔と交わって処女を失う」という迷信

そのとき、ジャンヌが受けさせられたのが「処女検査」でした。

**中世のヨーロッパでは、女性が悪魔に犯《おか》された結果、まるで聖女のような霊能力を発揮する場合もありうると考えられていました。**

イギリス側としては、聖女との噂もあるジャンヌを、聖女どころか魔女として処刑してしまいたいため、どうしてもジャンヌには処女でいてもらっては困ったのでした。

こうしてジャンヌは2回にもわたって、イギリス側の高官の夫人が監視する中、産《さん》婆《ば》など医療関係者の手によって処女検査を受けているのですが、そのたびに彼女は「処女である」という結論が出ました。

そもそも医学的に「処女」と「それ以外」で女性器の形状に大きな違いがあるわけでもなく、特殊な膜《まく》で穴がふさがっているものだという考え方自体、科学的に立証できるわけではありません。「彼女が処女ではない」と断言することは科学的に難しいのですね。

結局、ジャンヌは男物の服を着たことで風紀を乱したという罪をかぶせられ、魔女として火刑に処されてしまいました。

中世のヨーロッパでは、貴族や上流階級の女性の場合、結婚までは実家を離れ、女子修道院で教育を受けることも多くありました。彼女たちは、異性との恋愛のたぐいから厳格に引き離されていました。

そこまでして処女であることを守るのは、「処女」であることが、条件のよい結婚には絶対に必要だったからです。

## 離婚したければ、衆人環視の前で〝証明〟しなければならない

しかし、処女であることが離婚にも役立っていたのはあまり知られていません。問題だらけの「処女検査」は、中世以降も長いあいだ、とくにカトリック教徒のあいだで行なわれました。なぜなら、**離婚が禁止されているカトリック教徒でも、「夫婦のどちらかがセックスを行なえない身体である」と証明できれば、離婚可能だった**のです。

その証明手段として、女性への処女検査が行なわれていたわけですね。

1659年のフランスで話題となった、ランジュ侯爵夫妻の離婚話は、空恐ろしいくらいに下品です。2人は結婚から早くも3年で破綻の危機を迎えました。

**「自分は夫に一度も抱かれたことはない」**と主張する17歳のランジュ侯爵夫人が、教会に「夫の性的不能」を理由として離婚を申し立てたのです。

28歳の夫・ランジュ侯爵にとって、これは本当に不名誉なことでした。男の名誉はズタズタですし、妻が実家から持ってきた莫大な額の持参金を、離婚ともなれば返金せねばならないからです。

こういうとき、教会は委員たちを集め、侯爵夫妻が本当にこれまでセックスしていないかを調べあげるための検証会を開く必要がありました。

まず、侯爵夫人が意気《いき》揚々《ようよう》と処女検査を受けますが……ここで出た結論は「彼女は処女ではない」という衝撃的なものでした。何度も申し上げますが、実際に処女であってもそうでなくても、女性器の外見などでそれを実証することは無理なのです。

侯爵夫人は落胆し、侯爵は「ざまあ見ろ」とほくそ笑むのですが、その後に困ることになるのは、夫である侯爵のほうでした。

**15人からなる各分野の専門委員の見守る中、一定時間内にセックスが行なえるかど**

**うかを実証してみせる**必要があったのです。

「あなたはどうせできっこありません」と言う侯爵夫人に対し、侯爵は「一発で世継ぎをはらませてやる」などと下品なセリフを吐き、それを詰めかけた庶民たちがゲラゲラ笑いながら見守るという恐ろしい光景となりました。それはもはや検証会というより、決闘でした。

結果は夫のKO負け。汗だくにはなりましたが、それはしたたる冷や汗で、侯爵夫人と指定時間内に「合体」することはかないませんでした。

同年2月8日、ついに侯爵夫妻は結婚を解消しています。

元・侯爵夫人はのちにとある公爵と再婚、子宝に恵まれました。

一方、性的不能認定され**「検証会侯爵」**というあだ名までつけられた侯爵は……すくなくともカトリック教徒である女性との再婚は禁止されてしまったのですが、男の名誉をとにかく取り戻したかったのでしょうか。プロテスタントの女性と再婚し、彼女に6人もの子を続けて産ませました。

「こんなこと」で人生を狂わせたくないものですね。

# 科学と宗教の対立！ ガリレオの「地動説」をめぐる真実

著作が異端視された科学者ガリレオ・ガリレイは、自宅のあったフィレンツェからローマに召喚《しょうかん》され、１６３３年6月22日、最後の審問を受けていました。このとき、ガリレオは69歳になっていました。

ガリレオはこれ以前に１６１６年にも、ローマに呼び出されたことがありました。**ポーランドの司祭だったコペルニクスが、「仮説」として唱えた地動説を真実だとして広めようとした「疑い」**をかけられたのです。

当時のキリスト教社会では、「地球こそが宇宙の中心で、地球のまわりを太陽や月が回っている」とする天動説が主流です。一方、地動説は「地球が太陽のまわりを回っている」というもので、教会の教えに反するとされていたのです。

しかしそのときは宗教裁判とはいえ、ガリレオは注意されただけで放免《ほうめん》されています。「ガリレオは、仮説として地動説を論じているのであって、絶対的なものとは考えていないと見受けます」というのが、審議を担当したベラルミーノ枢機卿《すうききょう》らの見解でした。仮説の紹介をしているだけなら、教会は責めないという論理です。

そのためガリレオは1633年の2度目の宗教裁判の法廷でも、**「ベラルミーノ枢機卿は私に、コペルニクスの説は、コペルニクス自身がそうしたように、仮説としてなら奉《ほう》じることができると教えてくださいました」**と言って、当時の手紙を持ち出し、ことを早々におさめようとしました。

しかし……ガリレオが2度目の宗教裁判にかけられる原因となったのは、教皇庁から出版了承を得ようとしていた『天文対話』という著書内の記述でした。

「お前の新著では、地動説が真理として語られているではないか」

『天文対話』を読めば、ガリレオが地動説を「仮説」どころか真理として信じていることは明白でした。

しかも、異端とされる地動説を語りながら、科学的な証明はロクになされていないのです。科学者でありながら、妄言を吐いて世の中を惑わそうとしていると言われても仕方がありませんでした。

ガリレオ自身が地動説を信じていたことは明らかですし、彼は「地球が動いているから、潮《しお》も満ち引きする」と考えていました。この説は、当時のキリスト教の文脈でも異端ですし、現代の科学に照らし合わせても誤りです。当時はまだ、万有引力の法則が発見されていなかったからですが……。

## 時のローマ教皇を「激怒させた一文」

ガリレオは『天文対話』内で、サルヴィアチという人物に地動説を語らせます。それに反論するのは、同書内で愚《おろ》か者の代表として描かれているシンプリチオなる人物です。

このシンプリチオは、サルヴィアチの話を聞くと**「それは地動説ではないか。万能の神を冒瀆《ぼうとく》する議論だ！」**と反論します。すると、サルヴィアチはシンプリチオに「あなたは（信仰を守ってくれる）天使のようですね」と返すのですが、このセリフは**「あなたは聖書の記述に固執《こしつ》し、真実を見誤っている愚か者だ」**という皮肉を感じさせるものでした。

時の教皇・ウルバヌス8世は、ガリレオの悪意に気づき、気分を害します。わざわざシンプリチオに「万能の神」と言わせた部分もダメでした。ウルバヌス8世の口グセのひとつが「万能の神」でしたからね。『天文対話』を一読して、ウルバヌス8世が**「自分がバカにされている」**とわからないはずがなかったのです。

しかも、ウルバヌス8世がガリレオに付け加えるように命令した「地動説は誤りである」との文言を、付け加えることなく出版しようとしていたのです！

ガリレオがなぜ、そんな何重もの意味で危険な書物を発行しようと考えたのかは、謎というしかありません。彼には調子に乗りやすいところがあり、年を重ねてもそれが直らなかったのは事実です。

## 「それでも、地球は回っている」とガリレオは本当に言ったか？

ようやく不利を悟ったガリレオは、命だけでも助けてもらおうと、虚偽の証言をしはじめました。しかも審問官までバカにしているととられるようなことを言ってしまいます。

彼は「私は地動説など信じていないことが、この本を読めばわかるはず」と述べました。『天文対話』を「読む」どころか、紙に穴が空《あ》くほど「精読」し、問題箇所をあぶり出した上で審議に臨《のぞ》んでいる審問官を前に、そう発言したのです。

宗教裁判の法廷といえば、ガリレオにも弁護人がついていたのではと思うかもしれませんね。しかし実際には、誰も守ってくれる人などいないのです。

何人もの審問官から一方的に質問を投げかけられ、その答えに異端の疑いがあれば、それを問い詰められます。そして、その答弁内容に問題があると判断されれば拷問《ごうもん》と処刑——死が待っているだけでした。異端者の遺体は、墓地に葬ることすら許されません。

「地動説など信じていない」という、苦しまぎれのウソを論駁《ろんばく》されたガリレオは、絶体絶命の窮地《きゅうち》におちいります。

**「この本を書いた時点では、地動説を信じていても、今、地動説を信じていなければ命だけは救われる」**とほのめかす審問官に助け船を出してもらい、それを認め、その場を切り抜けるしかないほど衰弱しきっていました。

**哀れなガリレオに、「それでも地球は回っている」などとつぶやくだけの気力が残っていたとはとても思えません。**余談ですが「それでも」発言をガリレオがしたと書いてある文献は、裁判から約1世紀を経た18世紀のイタリアの科学史家ジュゼッペ・バレッティの著書が初出です。

**最終的にガリレオは「地球は動いていません。私は間違えていました」と記した、屈辱的な自筆宣誓書を提出させられています。**

そして、老齢を理由に恩情をかけられ、投獄こそされませんでしたが、その後もイタリア各地で死ぬまで軟禁《なんきん》状態に置かれました。彼は失明したのち、1642年に亡くなっています。

## 「実証科学の父」が証明できなかったこと

これがガリレオをめぐる宗教裁判のあらましです。

ピサの斜塔《しやとう》から重さの異なる鉄の玉を落として、速度を測《はか》ってみせたなどの逸話から、ガリレオは「実証科学の父」と呼ばれます。

実証科学とは、「実験で証明できない仮説は科学的には正しいとは認められない」とする考え方ですが……ガリレオは地動説を「仮説」として主張しながらも、その証明をせぬまま（もしくはその証明をする能力はないまま）でした。

**「実証科学の父」であるガリレオは一番大事な実証をできなかった、もしくはしなかった**のです。

このため「ガリレオ裁判」の記録には、科学と宗教の対立と呼べるほどのレベルの論議どころか、権力者に楯突《たてつ》いてしまった者の哀れな末路が記されているだけです。

しかしいずれにせよ、彼の「思い上がった」態度や言説にいかに問題があろうと、1人の老人を集団で責めさいなんだ当時のカトリック教会の断罪方法は、リンチそのものでした。

# 中世社会を襲った死の病・ペストがもたらした災い

14世紀に入った頃から、ヨーロッパ全土には不吉な予兆が立ちこめていたそうです。天候異変と飢饉《ききん》があいつぎ、巨大なバッタの群れが空を飛び交い、その死骸が猛烈な悪臭を発し、地震と火山の噴火まで起こったのです。

こうした異常な現象の極め付けが、ペストでした。

史上まれに見るペストの大流行がヨーロッパ全土を襲ったのは、1347年頃からでした。

## 未曾有の病は、どのようにしてヨーロッパに侵入した？

ペストは本来、ネズミの病だったといわれますが、ノミが媒介《ばいかい》することで人にも感染します。しかし、ペストの宿主とされるクマネズミは、中世頃までヨーロッパ内陸部には棲息《せいそく》していませんでした。

それが**11世紀後半以降、ヨーロッパとイスラム圏を何度も往復した、十字軍の荷物にまぎれ込み、遠路はるばる運ばれてきた**というのが定説だとか。十字軍の真の勝者は、ネズミなのかもしれませんね。

ペストの潜伏期《せんぷく》は、数日から1週間ほど。突然、39度を超える高熱に襲われ、それから全身に麻痺と倦怠《けんたい》の症状が表われます。次いで、鼠径部《そけいぶ》や全身のリンパ節が腫《は》れ上がり、心臓機能がおかされ、最終的に全身の皮膚に表われる紫の斑点《はんてん》から出血したり、膿疱《のうほう》から膿《うみ》が出たりするという凄惨な症状が表われます。

死亡率も極めて高かったようです。そして、ペスト患者からはリンゴのような臭いがするそうです（ルース・ウィンター『匂いの本』）。

## 生き残った者にも、苦しみが待ち受ける

14世紀後半にヨーロッパを襲った、ペストの大流行に話を戻しましょう。

当時のレリダ医科大学教授ヤクメ・ダグラモントは「アフリカのエチオピアが（こ

のときの）ペストの原発地」と記していますが、詳細は不明です。

１３４７年中にイタリア南端のキプロス島でペストの流行が見られ、翌年1月、教会庁がローマから移されていた南仏アヴィニョンでも感染がはじまります。

時の教皇はクレメンス6世でした。

新しい教皇庁のお膝元《ひざもと》にすら、ペストは訪れたのです。

当時は、お互い目を見交わすだけで感染すると信じられていたため、ほとんどの病人は看取《みと》ってくれる者すらなく死ぬのでした。

神への祈りに何のかいもなく、そして埋葬に立ち会う司祭すらおらず、死体は市中にあふれました。医師も感染を恐れ、患者の家に立ち入ろうとしないので、回復できるのは、身体中にできる腫れ物がよい具合に化膿《かのう》し、口を開けてくれた場合だけでした。

ペストが去った後のアヴィニョンの人口は、4分の1しか残りませんでした。

アヴィニョンでのペストによる死者は6万人。ヴェネツィアは10万人、ロンドンにいたっては１００万人もの犠牲者が出たそうです。

被害者数には諸説ありますが、中世ヨーロッパでは「大都市」でも人口10万～20万人ほどだったので、その大半が一瞬にして奪われることもありえたようです。

そして本当に恐ろしいのは、ペストが人の命を奪うだけでなく、生き残った人の信仰も希望も、そして道徳心をも奪っていったことです。

**「子どもは親を見捨て、慈善活動は廃《すた》れ、希望は潰滅《かいめつ》した」**と、ペストに感染しながらも奇跡的に助かったギ・ド・ショリアクという聖職者は書き記しています。彼は手記の中でペストのことを**「悪魔の槍《やり》」**と表現しています。

## 病以上に恐ろしい「迷信」がはびこりはじめる――

耐えかねた都市の中で、領主による徹底的な病人の隔離が行なわれるようになりました。効果のあった最初期の隔離例としては1374年、イタリアのレッジオという都市の領主・ベルナーボ公爵が実施した強硬策がありました。

すべてのペスト患者は郊外に移送され、**「神の手にゆだねられる」**のでしたが、実際のところ、患者たちは町外れの原野《げんや》に死ぬまで放置されるにすぎませんでした。

1374年8月、ヨーロッパ大陸を縦断するようにペストの感染は広がり、イングランドにまで北上。11月にはロンドンが死の街と化しました。

1348年以降、ペストの流行はドイツにまで拡大します。ドイツでは**「ペストの原因は、ユダヤ人たちが井戸に毒を撒《ま》いたからだ」という風説が広がり、市民たちの手によって、多くのユダヤ人たちがなすすべもなく殺されていきました。**

シュトゥットガルトのユダヤ人街の人々は「抹殺《まっさつ》」され、マインツでは1万2千人以上のユダヤ人が殺害された、もしくは自殺したという記録もあり……ペストで死ぬ人々に加え、処刑された無実のユダヤ人たちの遺体が街中に転がるという、ナチス時代のドイツをも上回る惨状が、中世のドイツ各地で見られたのでした。

その後、ペストはドイツから北欧を経由してロシアに入り、1351年にはロシア全土に広がったのちに鎮静《ちんせい》化しはじめます。4年以上にもおよんだ**「死の時代」**がこうしてようやく終わったのでした。

ペストはどこからやってきて、どこに去っていったのでしょう。発生地に定説はなく、それゆえいつどこで感染がはじまってもおかしくはない恐ろしい病なのです。

その後も約300年周期でペストは大流行を見せます。

17世紀には、感染を防ぐために、鳥のくちばしのようなマスクをつけた「ペスト医師」が治療にあたりました。その異様な姿は、さながら死神のようにも見えました。

最後に流行したのは、1910年代のこと。ペストには抗生物質《こうせいぶっしつ》が有効ですが、もし抗生物質に耐性を持つペスト菌が生まれてしまったなら……未来の人類は生き残れるでしょうか？

# 近世のイスラム圏を席巻した「セックスの媚薬」の正体

近世までのイスラム教文化は、性愛方面には意外なまでに開放的でした。

12世紀のイブン・アラビーというコーラン学者、イスラム神秘主義者の言葉にも、それは明らかです。

**「交合《こうごう》こそ（略）、神と合一をはかるため、もっとも深くもっとも完全な方法だと（マホメットも）考えていた」**

このため、セックスは神聖な行為としてとても重視されていたのです。

「快楽は罪」とするキリスト教文化とは異なり、イスラム教圏では「快楽は善」でした。その観点から当時のイスラム教社会では、媚薬《びやく》の使用も完全に許されていたのです。

## 複数の妻を持つなら、その全員を「満足」させなければならない

しかし、決してイスラム教圏が、性的なワンダーランドだったというわけではありません。なぜなら、快楽には代償がつきものだったからです。

**イスラム圏において常用されていた媚薬とは、阿片《あへん》やハシッシュ（大麻）**などでした。要するに麻薬です。

中毒の危険性があり、**多用してしまうと、媚薬になるどころか逆に性欲減退を招きます。**しかし**性欲減退した男性は、妻から離婚を切り出されても文句を言えない**という風潮もありました。

完全に男性優位の社会・文化のイスラム教圏ですが、すくなくとも中世では夫は、妻をあらゆる意味で満足させられるよう、努力を強いられました。複数の妻を持つ場合、彼女たち全員を均等に愛さねばなりませんでしたので、それは大変でした。

イスラム教圏では、飲酒は宗教的理由で禁止されています。それは中世でも同じでした。しかし当時は、酒に例のハシッシュや、媚薬として用いられた麝香《じゃこう》（ムスク）

を混ぜれば「薬」という扱いになったので、日常的に嗜《たしな》むことができたのです。
12世紀のペルシアの詩人マハサティの作品には、「麻薬はほどほどに」という内容の詩句まであります。

**「ハシッシュは理性に悟りをもたらす**
**だが、度を超す者はロバになる**
**愚か者よ、ハシッシュを歓びのために用いぬ者は」**

いかに麻薬が濫《らんよう》用され、「ロバになる」者が多かったか……ということでしょう。

中世の世界で、もっとも豊かで科学的にも進んでいた地域だったイスラム教圏。しかしその繁栄とは裏腹に、男女ともに、どうやっても麻薬中毒になってしまいがちな闇が広がっていました。

まるで『アラビアンナイト』の一場面のような——たとえば、オマル王（ウマイヤ朝のスルタンで、物語の主要登場人物）が自分になびかない美少女アブリーザ姫に麻薬の入った酒を飲ませ、強引に……というような話が現実にありえたのです。

## イスラム教圏の女性の〝下半身のケア〟事情

同時代のキリスト教圏に比べ、中世のイスラム教圏は爛熟《らんじゅく》した性文化を持っていました。セックスマニュアルとして愛読された書物まで存在しています。

有名なのは15世紀に書かれたその名も『匂《にお》える園』という書物ですが、これは女性にも多くの愛読者を持っていました。

しかし、その内容は仰天するようなものです。

男性から愛される女性は、下半身のとある部分が**「今にもそこから閃光《せんこう》がほとばしり出るかと思うばかり」**の美しさでなくてはならず、そのためにアンダーヘアは完全に剃毛《ていもう》・脱毛していなくてはなりません。

それからバラやミルテといったハーブの香水で局部を洗浄し、ラヴェンダー水や麝香オイルで湿らせた布で全体を覆ってパック。

例の箇所は、赤いヘナで着色していました。ヘナを塗るとヒリヒリして大変だったそうです。

そして性行為の前には、収斂《しゅうれん》効果があるとされるミョウバン水で、大事なところを洗浄します。これは〝まるで処女のような締《し》まり〟を実現するためだったとか……。

こんなことを一日中やっていられたのは、有閑《ゆうかん》階級の奥様たちだけでしょう。しかしその場合は確実に一夫多妻制ですから、ライバルを出し抜き、夫に愛される妻になるには、かなりの努力が必要なのでした。

代償のない快楽など、存在しないのです。

# 女帝エカテリーナ2世も魅了！去勢された男性歌手・カストラート

かつてヨーロッパには、「カストラート」といわれた歌手たちがいました。**「天使の声」**と讃《たた》えられた彼らの声は、今日では倫理的に許されない方法で、人工的に作り出されたものでした。つまり「去勢《きょせい》」です。

去勢の技術自体は、宦官《かんがん》を作る必要性があったイスラム文化圏からヨーロッパに伝わっていました。しかし、音楽のために去勢した男性歌手・カストラートが生まれたのは、12世紀頃のスペインが最初だといわれます。カストラートの伝統は、女性の歌手を教義上雇《やと》うわけにはいかなかったイタリアの教皇庁にも引き継がれます。

16世紀末から17世紀はじめの教皇たちがカストラートを「天使の歌声」と讃えたので、17世紀前半の教皇庁では、**去勢した男性歌手の声を「自然の声」**、**裏声で歌う通常の男性歌手の声を「人工の声」**と呼ぶほどになっていました。

その後、音楽好きの王侯貴族がたくさんいた16世紀から18世紀のイタリアでは、「オペラの主役はカストラートでなくてはいけない」とされるほどの全盛期が訪れました。ときには女性の役すら、カストラートがこなすことがあったそうです。

## 貧困層の美声の少年が、親に売り飛ばされて……

17世紀頃のイタリアの諸都市では、生活が苦しい貧困層の親たちが、少しでも歌がうまく声の美しい息子たちを、こぞって去勢させました。

社会問題になりましたが、貧困層の人口増加を食い止める手段にもなったため、ろくに対策はとられませんでした。

同時期のフランスでは、イタリアほどには流行しなかったというものの、フランス王立医学協会の1676年の統計記録によれば「カルカソンヌ近郊のサン＝パプール司教区だけでも**500人以上の少年がヘルニア治療のために去勢を受けた**」とされます。

ヘルニアだけでなく、てんかん、痛風、狂気（！）の治療法として、去勢手術がさかんに行なわれていましたが――**治療を「隠れ蓑《みの》」に、美声のわが子を売り飛ばすた**

**めに行なわれた去勢も多かった**はずです。

このように、ボーイソプラノの美しい声を大人たちから買われた、おもに貧しい階級出身の少年たちは、8歳から10歳の間に特殊な手術を受けさせられました。

病院で手術される場合はまだ幸福です。多くの場合、闇医者を兼ねていた床屋《とこや》で、しかも恐ろしく不衛生な環境で、手術が行なわれました。

いかに痛みを抑えるかが課題でしたが、阿片の入った飲み物が与えられることはまれで、頸動脈《けいどうみゃく》を圧迫して少年たちが意識を失っているあいだに、鼠径部が切り開かれて睾丸《こうがん》が取り出されてしまいます。死亡率は執刀者《しっとうしゃ》によって大きく異なり、10%から80%ほども差がありました……。

生き残った少年たちには、「病気やケガ、もしくは先天的な奇形があったため、去勢せざるをえなかった」との説明がなされ、彼らの多くはそれ以上のことを知ろうとはしなくなります。

そして彼らは音楽院に送られ、厳しいレッスンを6年、ときには10年以上にわたって受け続けます。音楽的なセンスだけでなく、深く伸びやかな声を手に入れるために下腹呼吸のトレーニングが重視されました。

**去勢されると声変わりしないだけで、身長は伸び、身体は大人になります。**

少年の時期には、美しくてもか細かった彼らの声は、身体の成長とともに、さらなる豊かな響きに進化を遂げていくのでした。

## ヨーロッパ中の権力者が、多額のギャラでオファー

カストラートたちの人間としての苦悩をよそに、権力者たちはその美声に酔いしれ、彼らのために、国家の要人レベルかそれ以上といっても遜色《そんしょく》ないほどのギャランティーを、嬉々として支払うようになります。

18世紀後半のロシアに君臨した女帝・エカテリーナ2世は、ガブリエッリというカストラートに執心していました。しかし、ワンシーズンの報酬として5000ドゥカート（＝約5～10億円）もの大金を彼から要求されるとさすがに気分を害し、

**「ロシアの陸軍元帥《げんすい》でも、そんな金額の俸給を受け取っている者はいない！」**

と非難しました。するとガブリエッリは涼《すず》しい顔で、

**「それなら陛下、陸軍元帥に歌わせればよろしいのでは？」**

と答えたので、天下の女帝も、彼の言い値で契約せざるをえなかったそうです。

また、イタリアの貴族出身のファリネッリというカストラートは、その出自と音楽的才能の高さで、群を抜いた存在でした。

18世紀初頭のスペイン国王フェリペ5世から個人的に雇われてからは、彼は音楽家としてだけでなく、宮廷の重臣としても大活躍しました。

国王不在の折の賓客《ひんきゃく》の接待や、アルハンブラ宮殿などの改修の指示、またあるときは悪臭を発していたタホ川の河川浄化の指揮すら任されています。

## 孤独に歌い続けながら、長寿を生きる——

しかし、ファリネッリのような社会的地位をえられたカストラートは、空前絶後のまれな存在にすぎません。去勢された少年たちの中のわずか1割程度しか、人並みに音楽で食べていける程度の「成功」ですらえられなかったといいます。

自らの意思で人生を決定できる年齢に達する前に、行なわねば間に合わない手術ですから、悲劇につながることは多々ありました。それにいくら音楽で成功したところで、子どもを持てない身体にされてしまったことを悔《く》やむ者もいました。

教皇庁礼拝堂に所属する有名カストラートだったドメニコ・ムスタファは、**「正当な医学上の理由もなく去勢されたのなら、父親を殺してやる」**と息巻いていたとか。カストラートになった男子とその家族のつながりは薄くなり、彼らは死ぬまで孤独に歌い続ける他なくなるのでした。

一方で、そんな彼らの寿命は概《がい》して長いものでした。17〜18世紀に一世を風靡《ふうび》した約30名のカストラートの伝記を見ていると、平均寿命が25〜30歳の当時のヨーロッパでは異例なほどの長寿というべき年齢、つまり70代以上まで生き残るケースが67％だったことには驚かされます。

しかし、それくらい壮健《そうけん》な体の持ち主でなければ、カストラートとして生き、名を成すことなど、そもそも無理だったと考えるほうが正しいでしょう。

## カストラートが歴史から姿を消すことになった理由

カストラートの時代は、19世紀の訪れとともに黄昏《たそがれ》を迎えます。その頃になってようやく、「音楽目的の去勢は残酷で野蛮な行為」だという考え方が、ヨーロッパにも定着したのです。

さらに、**オペラの題材が、「神々や英雄たちの物語」から、「リアルな人間の情念の物語」に変化した**ことも、カストラートが必要とされなくなる原因として大きいものでした。

神話の登場人物は、人間離れした能力を与えられがちですが、そんなキャラクターの声にこそ、浮き世離れした天使の声と評されるカストラートの声が、ぴったりだったのです。

こうしてカストラートたちはひっそりとその役割を終え、歴史の彼方《かなた》に消えていったのでした。

# 悪名高すぎる拷問器具「鉄の処女」のミステリー

中世ヨーロッパを代表する拷問器具といえば、「鉄の処女」でしょう。

「鉄の処女」は遠目には、マントをまとった、両手を胸の前でクロスさせた聖母マリア像かと思いきや、その内部が空洞となっており、内壁には鋭いトゲがたくさんついています。

まるで両手に抱かれるようにしてマリアの内部に迎え入れられた異端者は、そのトゲで頭部や顔面を含む身体中を突き刺され、流血の中でもだえ苦しむのです。

**本来なら救いがたい異端者という重罪人に、聖母マリアの慈悲《じひ》によって「死」という名の「許し」が与えられる趣向**で、異端の罪を犯した容疑者たちに自白をうながすために使われたとされるのが、「鉄の処女」でした。

身体中を無数のトゲで貫かれているのですから、自白をした後に彼らは死んでしまいます。

**肉体は死んでも、自白によって魂の罪は浄《きよ》められた**……と考えられていたのですから、拷問する側の心の闇もまた深かったといわざるをえないのですね。

鉄の処女という拷問器具についての研究は、19世紀頃からさかんになりました。

1835年、イギリスの作曲家ピアサルによって、スペインではこの「鉄の処女」が、異端の罪を認めない囚人に用いられる最後の手段として使われたという趣旨の論文が書かれています。

また19世紀初頭に、ナポレオンの部下だったラサール将軍が、「鉄の処女」を目撃したと証言しています。

スペインのトレドの異端審問所だった建物の中で

鉄の処女は、東京の明治大学博物館にも所蔵されている

「鉄の処女」を目撃したラサール将軍一行は、そのあまりのグロテスクさに衝撃を受けてしまいます。

「マリア（「鉄の処女」）は、肩から左右に大きなひだのあるマントをたらし、一種の胸甲《きょうこう》を着けていたので、見た瞬間、奇異に思えた。さらに近付いてみると、身体の前面に尖《とが》った釘と鋭利な細い剣がびっしり付き、見る者にその先を突きつけていた」

## 「鉄の処女」は中世ヨーロッパで実際に使われていたか？

スペイン、ドイツ、イタリア……とヨーロッパ各地の博物館で「鉄の処女」の姿を見ることができるのですが、ここで、読者の皆さんにはさらなる奇怪な事実を語らねばなりません。

**ヨーロッパ全土で、拷問器具「鉄の処女」の公式な使用記録は存在しない**のです。つまり「鉄の処女」は中世ヨーロッパには本当は存在していなかったのですね。

19世紀になってから、歴史ものの怪奇小説などで「鉄の処女」の人気が高まると、その現物を見てみたいというニーズが強くなり、その結果、**実在しなかった中世の拷**

**問器具が、本当にあったかのように各地で「それらしく」作り出され、旅行者たちの前に平然と差し出されてしまったの**です。怖いもの見たさの観光客の好奇心を刺激し、呼び込むために、ヨーロッパ各地の庶民たちが悪知恵を働かせたのですね。

捏造した側の子孫たちも、「鉄の処女」の来歴をくわしく探ることはしませんから、捏造の記憶は薄れ、見せる側も見せられる側の観光客もすっかり騙されてしまっていたのでした。

「鉄の処女」の土台として使われたのは、**中世に実在した懲罰具「恥辱《ちじょく》の樽《たる》」**です。性的に奔放《ほんぽう》すぎた女性などを罰として晒《さら》し者にするとき、穴を開けた（おもに）金属製の樽から手足と顔を出させ、広場に立たせることがあったのです。

この「恥辱の樽」に「それらしく」聖母マリア風の頭部を乗せ、内部にトゲを付け足したのが、ヨーロッパ各地に現存する「鉄の処女」の正体なのでした。

観光客を呼び込むために、貴重な中世の資料が台無しにされてしまったということですね。何より、本当は存在もしなかった過去の遺物「鉄の処女」に怯《おび》えさせられる……これはこれで怖い話ではあります。

# 5章

## 不安と秘密が、「謎」を生み出す

——誰かが隠そうとしたこと、逃げようとしたこと

# 太陽王ルイ14世の秘密を握っていた？謎の囚人「鉄仮面」

1703年11月19日、フランスのバスティーユの牢獄で**「仮面の男」**と呼ばれていた謎の人物が死去しました。後世、**「鉄仮面」**とも呼ばれるようになる彼の遺骸は「マルショワリー氏」との偽名をつけられ、わざわざ顔を潰した上で埋葬されました。バスティーユに収監される以前から監獄を転々とし、30年以上も、ほぼ完全に外界との接触を禁じられた末の死でした。

他人と接触するときには顔を隠し、言葉を交わすことすら基本的には許されていなかった仮面の男ですが、**彼は国王ルイ14世から支給された金で、囚人ながら贅沢《ぜいたく》な生活を送っていました。**

彼の仮面は鉄ではなく、黒いビロードでできていたのです。

## フランス王家の〝血筋の正統性〟を揺るがす一説

この謎めいた男の正体をめぐり、約200年以上にわたって議論が重ねられてきました。

その**正体はユスターシュ・ド・カヴォワというフランスの貴族の男**だったという説を、イギリスの国営放送BBCの元プロデューサーのハリー・トンプソンが提出しています。鉄仮面の番組を作って以来、彼はこの自説に魅《み》せられてしまったそうです。

ユスターシュ・ド・カヴォワとは、いったい何者なのか。なぜ彼が鉄仮面にならねばならなかったのか――。

その謎を解き明かすには……**フランス国王ルイ14世の本当の父親は、ルイ13世ではなく、ユスターシュ（鉄仮面）の父親でもある貴族男性フランソワ・ド・カヴォワだったとする奇怪な説がある**ことに触れねばなりません。

つまり、王妃アンヌはひそかにフランソワとの子を宿すも、表向きはルイ13世の子ということにして、ルイ14世として育てた。そのためルイ14世とユスターシュ（鉄仮面）は、実は同父（異母）兄弟にあたるという、フランス王家の血筋の正統性を揺るがす驚愕の説なのですが……恐ろしいことに、このトンプソン説にのっとって考える

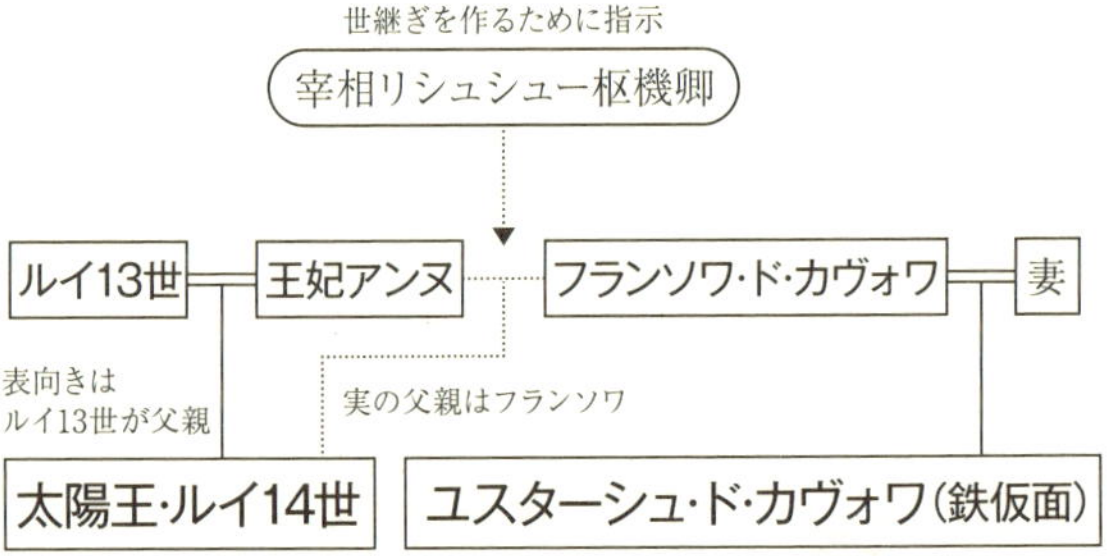


ルイ14世とユスターシュは同父（異母）兄弟だった？

と、すべてのつじつまが合うように思われるのです。

## 「女嫌い」のルイ13世が抱えていた世継ぎ問題

話はルイ14世の父であるはずの、ルイ13世の時代にさかのぼります。

ルイ13世は極端な「女嫌い」で知られました。愛人がいるのに彼女とも（ほぼ）プラトニックな関係だったらしく、アンヌ王妃とのあいだにルイ14世以前に子どもはいませんでした。性的不能か、それに近かったのか……世継ぎは長く生まれぬままでした。

しかし仲の冷え切った国王夫妻は163

7年12月5日、お付きの者とともに小旅行に出かけます。その直後、**「国王夫妻が同じベッドで寝た」**という噂がわざわざ宮廷に流されたのです。噂には「滞在した城館にはベッドが1台しかなかったので」との理由まで付いていました。

そして、旅行からきっかり9カ月後の9月5日に誕生したのが、のちにルイ14世となる男子でした。

しかし実際には……**王妃と同じベッドで寝たのは国王ではなく、この旅行に警護役として付き添っていた銃士隊長フランソワ・ド・カヴォワだった**……つまり、ルイ14世の本当の父親は、フランソワであるというのがトンプソン説の骨子です。

こうした一計を案じたのは、宰相《さいしょう》リシュリュー枢機卿だったと思われます。世継ぎがいなければ困るのは国王夫妻だけでなく、彼らの権力に悪い言葉でいえば寄生している近臣たちも同じだからです。

フランソワ・ド・カヴォワは、リシュリュー枢機卿の寵臣《ちょうしん》でした。つまり、枢機卿からの命令には逆らえない立場です。国王夫妻の旅行の日の夜、彼は城館にいたどころか、城館警備の担当でした。国王夫妻の信任も厚く、とくに王妃とフランソワはひそかに惹《ひ》かれあっていたともいわれます。何が起きていてもおかしくはないのですね。

この旅行から数週間後、ルイ13世は**「王子の誕生は聖母マリアに任せた」**という謎めいた発言を残しています。この言葉こそが、彼も内々にフランソワと王妃の情事を承認していた、もしくは承認させられていた証拠だとか。もちろん、この計画に関わったすべての人々に煩悶《はんもん》はあったでしょうが……。

## 「ルイ14世は13世の実子ではない」ことを示す、これだけの証拠

しかし、この奇説が真実であると裏付ける証拠はまだあります。**のちにルイ14世となる赤子の誕生をきっかけに、王家はカヴォヮ家を前例のない形で厚遇《こうぐう》しはじめました。**

たとえば、カヴォヮ家は王家から多額の年金を受け取るようになります。それまで、フランス王家から軍人に年金が与えられたことはありませんでした。

ルイ14世の即位後、フランソワの次男のルイは寵臣に取り立てられました。代替わりの後も続く異例の寵愛《ちょうあい》、しかもはた目には確たる理由もないままの厚遇に、不審の眼差しを浴びせ、それをわざわざ回想録に書き残す者もいました。

また思えば、ルイ14世はルイ13世と顔立ちも似ておらず、性質も正反対でした。

しかし、ルイ14世の血筋の正統性を表だって疑おうとする者は誰もいませんでした。貴族と王家は、運命共同体だからです。当時、すでにフランス王国には「絶対王政」がしかれ、「太陽王」こと国王ルイ14世のカリスマ性をもって、すべてが進められていましたから……。

## 隠し通さねばならなかった「出生の秘密」

カヴォワ家の内情にお話を戻しましょう。

例の銃士隊長フランソワの死により、１６５４年に家を継いだ嫡男《ちゃくなん》がユスタージュですが、その約2年後になぜか廃嫡《はいちゃく》されているのですね。

新当主となったユスタージュはおそらく、一族の出世を可能にした例の秘密……**ルイ14世は13世の血を引いておらず、自分の父フランソワの息子である……つまり自分の同父（異母）兄弟であるという驚愕の真実を知ってしまった**ようです。

彼にそのことを伝えたのは、母親でしょうか（彼女は夫フランソワの死後20年以上も、毎日を泣いて過ごしていたとの一家の友人の証言がありますが、その涙の理由は亡夫への愛だけではなさそうです）。

ところが……秘密を知ってしまった彼は、正義感がヘタに働いてしまったのかもしれません。「父の罪」を明らかにせねばならないと思い立ったのではないでしょうか。しかし、ユスターシュの試みは一族の手で封じられ、彼は当主の座を追われたのでしょう。

こうした異常事態の経緯を説明するカヴォワ家内の資料は、抹消されたためか現存していないため、すべては推測になってしまいますが……。

## 太陽王ルイ14世は「真実の暴露」を恐れていた？

実家を離れたユスターシュは、裏稼業に生きざるをえなくなります。そして、悪事に荷担《かたん》していくのです。

中でも有名なのは、1669年、ブランヴィリエ侯爵夫人による殺人事件への関与です。徳の高い貴婦人として知られていた彼女ですが、実際は老いた父親や、慈善病院に入院していた貧しい人々の食事に毒を盛り、彼らが衰弱死する様に悦《よろこ》びを感じていた変質者でした。

そんな**彼女の連続快楽殺人に使われた毒を、他ならぬユスターシュ・ド・カヴォワが手配していた**のです。

ユスターシュは王命で逮捕されますが、裁判も受けぬまま牢獄に入れられました。しかもブランヴィリエ侯爵夫人が処刑された後も、ユスターシュが殺されることはありませんでした。


こうした例外的対応からは、ルイ14世自身も、自らの出生の秘密を知っていたことが透けて見えるようです。

ルイ14世の躊躇《ちゅうちょ》には理由がありました。**罪を犯した貴族としてユスターシュを裁判にかける、あるいは処刑するとなると、彼を公《おおやけ》の場に引きずり出さねばならないのです。**彼がその場で真実を露見させてしまうことを、何よりも恐れたのでしょう。

同時にルイ14世にも、「自分は本来、王座に座るべき者ではない」という罪の意識があって当然です。ヨーロッパ社会では、国王は神に選ばれて即位するのです。即位してしまった以上「よほどのこと」がない限り、王座から下りるわけにはいきません。

それに、ルイ14世が正統な国王でないと知られてしまえば、諸外国の王家がフランスの王位継承権を主張し、戦争がはじまったでしょう。

この血筋の秘密は、ルイ14世が死ぬまで、そして死後ですら守り抜かねばならなかったのです。

その後、ユスターシュは何度か牢獄を移されましたが、最終的にバスティーユに移送され、死ぬまでそこにいました。

**高価なレースの付いた極上の素材の肌着に包まれ、毎日銀の食器で食事していたそうです。**立派な体格と褐色の肌の持ち主で教養人だったと、彼を往診《おうしん》したマルゾランという医師は証言しています。

最後の日まで淡々としていたというユスターシュ。60代になっていたとされますが、その死はあっけないものでした。死の数時間前から少し苦しんだだけだったそうです。

## 数十年におよぶ隔離生活でも、正気を保つ

一度は正義を貫こうとしたかもしれない彼は、結局、権力によって飼い殺しにされて終わったように見えます。しかし、ユスターシュのようにほぼ完全に隔離されてし

まった囚人は、高い確率で精神に異常をきたしてしまうそうです。

19世紀半ば、イングランドの刑務所・ペントンヴィル監獄での話です。他人と会話することを許されず、名前ではなく番号で呼ばれ、独房の外に出るときは全頭マスクをかぶらされていた囚人は、「ほとんどが精神に異常をきたした」との証言があります。

しかし、それと似たような状況に数十年以上も置かれていたにもかかわらず、ユスターシュが最後まで正気を保っていられたのは、やはり異例というしかないのかもし

れません。

筆者の推理ですが、ユスターシュが正気でいられたのは、彼が実は自らの境遇に満足できていたからではないかと思われます。

あの**絶対君主のルイ14世が、秘密を明かされることに怯え、一介の不良貴族にすぎないユスターシュを殺すこともできず、内心では恐れおののいている**のですから。

仮面の男の逸話は、何が「正義」なのかを、われわれに強く問いかけています。

# 帝政ロシアを破滅させた怪僧ラスプーチンの「最後の手紙」

凍《い》てつくロシアの地で、約300年続いたロマノフ朝は、1917年、革命によって倒されました。その王朝の最後の皇帝となったのが、ニコライ2世でした。革命の〝引き金〟となった要因は複数あるにせよ、皇帝夫妻が、怪しげな祈禱僧《きとうそう》グレゴリー・ラスプーチンを異様なまでに重用したために、その権威を大きく落としたことは間違いありません。

しかし、ニコライ2世の神秘主義への傾倒《けいとう》の表われは、ラスプーチンを重用しただけではありませんでした。

フランスのリヨン出身の祈禱師にして、透視術師としても有名なアンテルム・フィリップが1901年以降、ロシアに滞在していた際には、ニコライ2世は彼に大いに影響を受けています。

それだけフィリップのスピリチュアルな才能は素晴らしかったのですが、その精度は時に依頼者を怯えさせるレベルだったと伝えられています。

ある日、「右腕が麻痺した男」がフィリップのもとを訪れたとたん、フィリップはその原因を見抜きました。**「あなたの腕は、以前は動いていたはずです。その腕でこんな動作もしましたね」**と言って、フィリップは手を振り上げて相手を脅すような仕草をして見せました。その瞬間、男は失神して倒れ込みました。

というのも、彼は以前、同じように威嚇《いかく》するように腕を振り上げて見せてから、自分の弟を殺してしまったという秘密の過去があったのです。そしてその過去と自責の念ゆえに、彼の右腕は動かなくなってしまったということなのですね。

またあるときには、フィリップは、こんな残酷な予言をしています。

幼い娘の病気を治してほしいとやってきた女性に、フィリップは祈禱を渋《しぶ》りました。懇願する母親に最終的には根負けし、娘を治してやります。しかし、彼はこうも言いました。

**「本当に治してよろしいのですか？　将来、それをどんなに後悔なさるか……それが**

今おわかりになれば……」

全快《ぜんかい》したのち、すくすくと成長した娘は、のちに自分の母親を殺したそうです。

## なぜロシア皇帝一家はスピリチュアルにのめり込んだか

こんなフィリップを取り立てた、ニコライ2世とアレクサンドラ皇后の真意とは何だったのでしょうか。それはロシア帝国の世継ぎについてだったと思われます。

世継ぎとなる男の子を授からずに悩んでいる皇后に、フィリップは**「まもなく皇子が誕生する」**と告げました。

そして彼の予言通り、1904年に待望のアレクセイ皇太子が生まれるのですが、なんの運命の皮肉でしょうか……アレクセイは出血が止まらない「血友病《けつゆうびょう》」という遺伝性の難病を患っていたのです。

しかし、皇太子誕生のニュースを、フィリップがロシアで聞くことはありませんでした。1903年に彼は「イカサマ師」との悪評を立てられ、ロシアを追放されてしまっていたのです。はたして、真偽はどうだったのでしょう。

## ラスプーチンの不吉すぎた「最後の予言」

フィリップが去った後のロシア宮廷で重用され、当時の医学では治療不可能だった皇太子のケアを任されていたのが、あの怪僧ラスプーチンでした。

皇帝夫妻とラスプーチンの交流は1905年にはじまり、皇帝の側近・ユスポフ公爵とその一派によって1916年の年末に暗殺されるまで続きました。

そして、暗殺される日の朝に、彼は皇帝のために予言を残していました。

ラスプーチンの遺言ともいうべきその手紙はこう始まります。

「自分は1月1日以前に、命を終える予感がする。ロシア国民に、ロシア皇帝に、皇妃に、子どもたちに知っておいてほしいことがある。

もし私が（略）ロシアの農民たちに殺されるならば、あなた（皇帝）は何も恐れないでよい。あなたは皇位にとどまるだろうし、あなたの子どもたちは何世紀にもわたってロシアを治めるであろう。

**だがもし私が貴族たちに殺された場合には（略）あなたの子どもたちも親族も1人**

残らず、今より2年以上、生きながらえることはないであろう。あなたたちはロシア国民に殺されるであろう」

　この予言の大半は、現実のものとなりました。

　また彼の死の直前の時期、ラスプーチンは皇帝に次のように進言したことがありました。

「7の数字に気を付けよ」

「7の数字が現われる日は、（皇帝一家の）苦しみの徴《しるし》であると予想される」

　ロシア皇帝の退位があったのは1917年3月15日のことであり、その16カ月後の7月17日、エカテリンブルクで囚われの身となっていた皇帝一家は全員、処刑されてしまっています。

# 「フランス革命」前に多発していた〝不吉な前触れ〟

18世紀のフランスは、「理性」が重視される啓蒙主義の全盛期を迎えていました。しかしその一方で、18世紀を通じて、1789年のフランス革命を予言するオカルティックな現象の数々が熱心に記録され続けていたのも事実です。

18世紀中盤にすでに、フランス革命の勃発や、国王夫妻であるルイ16世とマリー・アントワネットの悲劇は数多く予言されていたといいます。

## 王族の死、革命の混乱が予言される

1751年、クリュニー修道院のカリクストという僧侶は、ミサの最中に、不吉な幻視を体験しています。その幻視によると……フランス王家の紋章であり、王家の象徴と考えられる、**「三つの百合の花が血の中に落ちてしまった」**というのです。

これはルイ16世とマリー・アントワネット、そして彼らと同時期にギロチンで処刑された国王の妹・エリザベートのことを指しているのだと思われます。

そして革命後の混乱を象徴するように「悪人たちがお互いの身体をむさぼり」、そこに**「〝1本の剣〟が海の中から現われ、その刃から血を滴《したた》らせながら再び海に沈んで消えた」**というのです。

この〝1本の剣〟とは、コルシカ島からフランス、そしてヨーロッパの大半を一時は平定した、ナポレオンの登場と没落を指していたのでしょうか。

## 王家に信頼されるも、反国王派に転じた予言者

民間にも、フランス革命の悲劇を予知した人々がいました。有名なのはアレッサンドロ・ディ・カリオストロです。

伯爵を自称していたものの、実際の彼はイタリア生まれの本屋の息子にすぎず、話術の才能と、詐欺まがいの行為を繰り返して這い上がったとされます。

フランス北東部にあるストラスブールのロアン公爵家所有の城、サヴェルヌ館で、地方の名士や芸術家、学者たちを前にカリオストロは「**王家の人々が残虐な死を迎え、共和国が成立し、その共和国も1人の皇帝（ナポレオン）によって覆される**」と予言したという記録があります。

これはロアン公爵家に仕えていたジョゼフ・ディスという男の回想ですが、予言がなされた正確な日時はわかりません。しかしディスは「**日付については間違っていたが（カリオストロは）その他のことは正確に言い当てた**」と記しています。

カリオストロはかつて、妊娠中のマリー・アントワネットが恐ろしい夢ばかり見るので、無事出産できるかを占ってほしいと頼まれたときには快《こころよ》くその求めに応じ、彼

女が男の子を無事産むと予言したこともありました。

しかしその後、アントワネット王妃の名前を使った詐欺事件（いわゆる「王妃の首飾り事件」）の共犯者として名前を挙げられ、投獄された経緯がありました。王家を恨むカリオストロは、反国王派としての予言を繰り返すようになるのです。

## 自称〝不老不死の男〟がルイ15世に告げたこと

他にも、フランス革命を言い当てた18世紀の予言者といえば、サンジェルマン伯爵を忘れてはなりません。彼は**「若返りの薬を飲んだため、死のうとしても絶対に死なない」というのがログセの自称２０００歳の男として有名**でした。

フランス国王のルイ15世、および同時期のプロイセン国王のフリードリヒ2世などからスパイとして重用され、活動していたともいわれますが、サンジェルマンはとにかく多才で知られ、スパイとしては目立ちすぎた存在でした。

彼は予知能力に優れていました。鏡と水とアルコール、そして秘密の呪文をもって予言を行なっていたそうです。

サンジェルマンはルイ15世に**「あなたの孫（ルイ16世）は革命の犠牲となって斬首《ざんしゅ》

されてしまう」と告げたといいます。サンジェルマンはのちにはマリー・アントワネットにも革命勃発を警告したともいわれています。

これらの予言は当事者以外には極秘にされていたため、1836年に出版されたダデマール伯爵夫人の『回想録』に初めて出てくるのが、怪しいといえば怪しいのですが……。

革命に遭遇したマリー・アントワネットや王家の人々は、こうした予言をどのようにとらえていたのでしょう。真剣に対策を練れば、未来は変えられたのでしょうか。ルイ15世の治世の末期には、フランス王国の財政難はもはや明白なものとなり、すでに王家の命運は尽き果てていました。その跡を継いだルイ16世やマリー・アントワネットたちがいくら頑張っていたとしても、王国の延命が可能だったとは考えにくいのですが……。

## アントワネットを震え上がらせた「恐ろしい前触れ」

そのアントワネット本人が「悲劇」を予知する出来事も、1789年6月の晩、起きています。

王太子ルイ＝ジョゼフが7歳で亡くなる数日前、眠れぬ日々を過ごすアントワネットのそばの４本の蠟燭《ろうそく》の火が、扉も窓も閉じたままの部屋の中で、次々と消えていったのです。

首席侍女だったカンパン夫人の回想録によると、３本目の火が消えた後にえもいわれぬ恐怖に駆られたアントワネットは夫人の手をとり、

**「不幸は人を迷信深くしてしまうのでしょうか。もし４本目の蠟燭の火も消えてしまったら、それこそ恐ろしいことの前触れだと考えずにはいられません」**

と叫んだそうです。やがて最後の蠟燭の火もむなしく消え去り、王太子は亡くなり、彼女の予言は現実となってしまったのでした。

そして同年7月14日、フランスの絶対王政の象徴とされたバスティーユ監獄が民衆によって襲撃された事件をもって、革命の火蓋《ひぶた》が切って落とされたのです。

# キリスト教の「聖女」たちのトンデモない奇跡体験

中世ヨーロッパのキリスト教の聖女たちの「奇跡体験」の記録をひもとくと、それらは神々しいというより、ときにおどろおどろしく、恐ろしいものだとわかります。

彼女たち尼僧《にそう》は、世間から隔絶された修道院に暮らしていますが、厳格なルールに支配された生活は苦しいものでした。

それでも彼女たちには信仰という心の支えがありました。中には文字通り「愛する」天国のキリストに操《みさお》を立て、処女のまま、修道院で信仰の日々を過ごす者もいました。

すべての幸せを捨てて祈り続けていると、ときどき凄まじい奇跡体験をすることができました。

## 本物か!? 疑問視もされている「聖遺物」への崇拝

キリスト教の信仰では、神と聖霊とキリスト、これらの三位一体《さんみいったい》と呼ばれる対象以外の崇拝は禁止されていますが、カトリックには信仰生活の功績を教皇庁から特別に認められた聖人・聖女たちがいます。

そして彼らにまつわる遺物や、ときには身体の一部が**「聖遺物《せいいぶつ》」**と呼ばれ、尊ばれました。

聖遺物の中でもとくに女性信者……中でものちに「聖女」と称せられるようになった人々の一部にもすごく人気だったのが、キリストのペニスの包皮でした。**「聖包皮」**などと称します。

幼児キリストも(当初はユダヤ教徒として)洗礼を受けるとき、ペニスの先端の皮の一部を切り取るという「割礼《かつれい》」を受けたはずで、その皮(の一部)が聖遺物として伝わる教会が、かつてはヨーロッパ中にたくさんありました。聖包皮の伝わる教会は子宝祈願の聖地として有名でした。

## キリストの姿を〝生々しく幻視した〟聖女たち

そんな聖包皮にまつわる奇跡を体験した聖女の中でも、もっとも凄まじい体験をしたのが、13世紀後半のオーストリアの尼僧アグネス・ブランベキンです。

彼女は、一切の肉食を拒否して暮らしていました。なぜなら彼女にとってキリストの存在こそが「肉」であり、現実の肉など一切れも食べなくても十分という考えを持っていたのです。飛躍しすぎた考え方のようにも思われますが……。

アグネスは**日々の祈りと禁欲生活の成果として、十字架にキリストの幻影を何回も見ています。そのたびに彼女は素晴らしい恍惚感《こうこつかん》に襲われました。**

あるときははりつけにされたキリストの幻影を見、しかもその傷口からほとばしる「フレッシュで霊的な飲み物」を飲んでエクスタシーに達しました。

またあるときは**お祈りをしている彼女の口の中に、なんとキリストの包皮がテレポーテーションして現われたので、それを食べてしまった**とか。卵の薄皮みたいな食感で、「甘い」のだそうですよ。凄い現象ではありますが、彼女が尋常ならざる状態にあったのが伝わってきます。

また、14世紀イタリア・シエナの聖女カタリナは断食の修行中、めでたくも「キリストと結婚する」という幻影を見ることができました。

そのとき、キリストから贈られた結婚指輪は、なんと彼の包皮でできていたのだとか……。たしかに「尊い」のでしょうが、どう受け止めたらよいのやら。

## 過酷すぎる修道女生活の中で、壊れていく理性

これほどまでの奇跡の立ち現われる尼僧たちの修道院とは、どのような施設だったのでしょうか。

17世紀の話ですが、イタリア・フィレンツェ近郊のアルチェトリというところにある聖マタイ修道院の修道女たちの生活を一例として紹介しましょう。

修道院では、着用する衣服が暦で厳格に決められているため、4月ともなれば、いかに寒い年であっても夏物の下着を着用せねばなりません。しかし石造りの修道院は

ただでさえ冷え込んだ空気で満ちています。

このため、リウマチになる修道女が続出し、その痛みの激しさに耐えかねたある修道女は、2回も自殺をはかりました。

しかも一度目は石の床に頭を割れるまでたたきつけて死のうと試み、二度目はペンナイフで全身を40箇所も切りつけ、最後は修道院の仲間たちの手でベッドにくくりつけられているうちに衰弱死していました（ガリレオ・ガリレイの長女で、10代はじめ頃から修道院に送り込まれたヴィルジニアが父に書き送った手紙より）。

聖女たちの体験した奇跡は、たんに信仰心がもたらした福音というだけでなく、生き地獄といってもよい極限状態に置かれ続けた女性たちの理性がどのような音をたてて軋《きし》んでいくかをリアルに示しており、本当はとても恐ろしいのです。

# 王族の末裔か？　19世紀に現われた謎の少年カスパー・ハウザー

奇妙な少年がドイツ南東部、バイエルン公国の一都市・ニュルンベルクに現われたのは、1828年5月26日の午後4時から4時半のあいだだったといわれています。**誰もいない路上に、遠目にも異様な風体の「16歳から18歳くらい」に見える少年が姿を見せました。**

身長1・5メートルほどのずんぐりとした体型、猿を思わせるやけに長い腕をしたその少年は、居合わせた2人の靴職人に「おい、お前ら、ノイトール通り」と奇妙な声で呼びかけたそうです。

まるで転んでしまいそうな歩き方をしていたその少年には、言葉が通じている気配が薄いため、衛兵の詰め所まで連れて行かれました。それでも彼は紙と鉛筆を手渡されると、**「カスパー・ハウザー」**と名前を記したといわれます。

カスパーは、奇妙な訛《なま》りのドイツ語で書かれた手紙を持っていました。その手紙には、**「この子は1812年生まれであり、一度も家の外に出すことなく育ててきたが、もう自分のところでは育てられなくなった」**などと書かれていました。しかし、彼が何者なのか、なぜニュルンベルクに現われたのかはわからないままでした。

この身元不明児のカスパーは、ニュルンベルクの名だたる知識人たちの手で保護されることになります。カスパーは「自分は長いあいだ、暗い穴の中で過ごしてきた」と語りましたが、そのわりには血色はよく、きれい好きで清潔でした。

風呂に入れてやる際、**彼の腕には当時、非常に高価だったため上流階級の子弟しか受けることができなかった種痘《しゆとう》の跡も発見された**のです。

カスパーの学習能力は奇妙のひとことでした。当初、カスパーには50語程度の語彙《ごい》しかなく、単語をしゃべるだけで、文法すら理解できていない様子でした。

周囲が学習させようとすると顔面を痙攣《けいれん》させ、額《ひたい》に脂汗を浮かべて激しい頭痛を訴えるほどでしたが、保護から4カ月が過ぎた9月頃には馴《な》れてきたようで、めきめきと進歩しました。その頃には、発見されたときより身長が5センチも伸びていることが明らかになってもいます。

## 突如持ち上がった「カスパー＝貴族の息子」説

やがて、保護当初とは別人のような顔つきになってきたカスパーに面会した上流階級の人々の何人かが、「ドイツ南西部の大貴族・バーデン大公に、この少年は似ている」と言い出しました。

当時のバーデン大公家内には、跡継ぎ争いがあり、

**「1812年にステファニー大公妃が産んだ男の子は、本当は死産ではなかった。無事生まれたが、暗殺を恐れ、安全のためにどこかに隠されている」**

という噂がかねてから流れていました。そこに、1812年生まれとされる身元不明の謎の少年・カスパ

保護されたときのカスパー・ハウザー

ーが登場したことによって、世間が騒然としはじめたのです。

ステファニー大公妃とは、ステファニー・ド・ボアルネのこと。ナポレオンの元皇后であるジョゼフィーヌの先夫・ボアルネ子爵家出身の美女です。

ナポレオンはジョゼフィーヌと離婚した後も、ボアルネ子爵家の人々を自らの血縁のように扱いました。政略結婚のコマを増やすためです。

ナポレオンの養女となり、バーデン大公家に嫁いだステファニー。彼女には、「ナポレオンの義理の娘」という立場と、「フランスの娘」という取って付けたような称号が与えられていました。

一方、噂が広がる中でカスパーはといえば、ダウマー教授という人物に引き取られ、簡単な自伝を書いて出版までしています。売れ行きはふるいませんでしたが、そんな彼はすでに有名人の仲間入りを果たしていました。

## 何者かによって、命を狙われるカスパー

ある日、ダウマー教授が家に戻ると、カスパーが頭から血を流して倒れているでは

ないですか。

カスパーは、顔を黒い布で隠した男が**「お前はやはり、ニュルンベルクを出て行く前に死ななければならない」**と言って切りつけてきたと主張しました。

その後、カスパーは警護されながら複数の身元引受人のもとを転々とします。

世間の人々が「彼は貴族だ」「いやペテン師だ」と議論を戦わせる中、カスパーの保護者の1人であるフォイエルバッハという人物が『カスパーは貴族である』という著書を刊行し、大きな話題を巻き起こしました。

この本の出版に、例のバーデン大公家が圧力をかけてきたのですが、それをフォイエルバッハは無視したのです。

しかし……それが仇《あだ》となりました。カスパーの身を、悲劇が再度襲ったのでした。

## 謎をいくつも残したままでの、突然の死

1833年12月14日、当時のカスパーの身元引受人だったメイヤー博士の家の居間で、カスパーが胸から大量の血を流して倒れているところを発見されました。

瀕死《ひんし》のカスパーは**「ニュルンベルクの宮廷庭園に呼び出されて、そこで男に刺され**

**た。なんとかここまで1人で逃げてきたんだ。今すぐ宮廷庭園に行ってほしい。まだそこに、僕を刺《さ》した男がいるはずだから」**と息もたえだえにつぶやきました。

メイヤーが庭園に行ってみると、たしかに庭園には**「カスパー・ハウザーは死ななければならない」**などと書かれた手紙が落ちていました。

しかし、不審な点がありました。その日は雪が積もっていましたが、雪の上には1人分の足跡しか見られなかったのです。

誰かに刺されたというカスパーの言葉と、状況証拠が矛盾していると感じたメイヤーは憤然《ふんぜん》として帰宅します。「何もかもお前の作り話だろう、これも自分でやったことだろう？　自分の本を売るために！」などと瀕死のカスパーを責め立てました。

哀れなカスパーは、3日にわたって生死の境をさまよったあげく、

**「僕はもう疲れました……僕がやったことじゃない」**

と言って事切れてしまったのです。

検屍の結果、カスパーの肺の傷は非常に深く、自分でこのように自分を刺すことは不可能だ、と医師は結論づけました。しかし、カスパーを殺害した犯人は見つからずじまいだったのです。

## 21世紀になって判明した、カスパーの「まぎれもない出自」

長らくカスパーの正体は不明のままでした。

事態が変わったのは、21世紀になってからのこと。2002年、**カスパーが襲撃されたときに着用していたズボンの血の染みから採取したDNAは、ステファニー・ド・ボアルネの子孫のDNAと、「大部分で一致した」**という鑑定結果が公表されたのです。

ステファニーと夫のカール大公は折り合いが悪く、1806年に結婚してからも、1811年くらいまでは別居を続けていました。

カスパーが本当に1812年生まれなら、カール大公の子である可能性は高まります。しかし彼が1812年生まれだというのは、カスパーが現われたときに持たされていた怪しい手紙に書いてあったことにすぎません。ニュルンベルクにカスパーが現われたとき、最初に目撃した2人の靴職人は、カスパーが「16歳から18歳くらいに見えた」と証言していることを忘れてはなりません。

つまりカスパーの生年は1812年より数年前でもおかしくはないのです。その場合、大公の子である可能性は低くなります。また、バーデン大公家は遺伝子調査の協力を拒否し続けています。

したがって、**ステファニーがカスパーの母親である可能性は濃厚ですが、おそらくその父親はカール大公ではない**ということが推察されるのです。

## 衝撃の珍説――まさか、ナポレオンとの不義の子？

実は**カスパーは、ステファニーと彼女の義父・皇帝ナポレオンのあいだの子ではないか**という珍説もあります。

この説によると、早ければ1806年、ステファニーはバーデン大公家に嫁ぐ前にカスパーを懐妊していた可能性も否定できないかもしれません。そうでなくとも、結婚後も「義父」ナポレオンと彼女が面会する機会がなかったとも限らないのです（詳細は不明としか言いようがありませんが）。

**ナポレオンという存在があったからこそ、ステファニーは夫を拒まざるをえず、そのために夫婦関係は悪化していた。**そしてナポレオンが幾度となく夫婦で同居するよう勧告していたのに、1811年まで別居していた――そんな推測もできるかもしれません。

ただし、これは話としては面白いけれど、飛躍の大きい推理だと思われます。

ステファニーは先述の通り、1811年まで夫・カールとは別居状態でした。彼女は格式高いバーデン大公の妃ではありますが、侍女たちの協力さえあれば、恋愛のひとつや二つをすることなど造作《ぞうさ》もありません。

そもそも、当時の高貴な女性は「結婚までは処女を守るために、大人の恋愛は禁止。恋愛は結婚後に楽しむべき」という風潮に従うことが多く、夫との不仲に悩むステファニーに恋人がいても何の不思議もないのです。


では、その恋人は誰だったのか。具体的にそれを知る手段は現時点ではありません。推理が許されるなら……それは宮廷に出入りできる高位の貴族に絞られるでしょう。

相手が貴族出身といえる理由は、過去の記憶をほとんど失っているはずのカスパーが何度も、大きな城での暮らしを鮮明な夢として見た、つまり思い出した記録が残っているからです。

出産後、カスパーはステファニーの手元を離れ、父親もしくはその一族の所有する城で大切に養育されていたと考えられます。

## カスパーに手をかけた〝黒幕〟は誰だったか

1818年にステファニーの夫・カール大公は若くして亡くなり、世継ぎがいなかったので彼の叔父がルートヴィヒ1世として大公位を継ぎました。カスパーがニュルンベルクに突然現われたのがその約10年後の1828年。

なぜその時期にカスパーは、暮らしていた城から出されたのか。

もしかすると、**ルートヴィヒ1世に、ステファニーの「罪の子」カスパーの存在が知られてしまったのかもしれません。**

これを裏付けるように、ルートヴィヒ1世は、「カスパーが貴族出身」と主張する本の出版に圧力をかけてきています。

また、なぜ、カスパーは姿を現わしたとき、記憶をなくしていたのか。

その当時、すでに世継ぎのない先代当主夫人となっていたステファニーの立場は、一族の中で弱いものでした。それだけでなく、彼女の義父ナポレオンは、1815年にイギリス領のセント＝ヘレナ島に流刑されています。カスパーの父にあたる人物もその頃には亡くなっていたという事態も想像されますね。

そうした背景のために、カスパーから**大公家やステファニーに関係する要素を抹消するため、彼の記憶を念入りに書き換える「工作」がされた**と考えれば、つじつまが合うのです。

記憶の書き換えに使われたのは、催眠術だと筆者には思われます。19世紀前半にはすでに、フランツ・アントン・メスメルなど、「完成」された技術を誇る催眠術師が多数存在しており、催眠術で「治療する」メソッドもある程度確立されていました。

その後もカスパーはひそかに監視下に置かれており、自伝や、彼が貴族の身分だと主張する本の出版など**不穏な動きを繰り返していると感じた大公家の命令で、消されてしまった**のだと考えられます。

それにしても疑問なのはステファニーの態度です。

ナポレオンの義理の娘という高い身分、バーデン前大公妃という立場からもスキャンダルが暴かれることは許されなかったのでしょう。だとしても、自分の息子の人生を狂わせるどころか、彼の命を犠牲にしたことに、彼女は納得できていたのでしょうか。

かつてカスパーを保護しようと試み、彼と同居までした者の1人に、スタンホープ卿というイギリス貴族がいます。

**彼はカスパーの死後、バーデン大公家のステファニーのもとを訪ね、カスパーについて自分の思うところを報告していますが……それを聞いていた彼女は、なぜか涙を流していたそうです。**

ステファニーの涙の理由は、謎に満ちています。

# フランス史最大の謎「ジェヴォーダンの獣」の正体

1764年6月のことです。当時、フランス中南の山間部はジェヴォーグン地方と呼ばれていました（現在のロゼール県など）。その地方のランゴーニュという村で、**若い女性が、オオカミに似た「獣」に襲撃される事件**が起きました。

彼女は「獣」のツメで胸を引っ搔《か》かれてケガをしましたが、放牧していた牛たちがその「獣」に立ち向かってくれたため、命は助かりました。

「獣」についての彼女の証言は異様でした。

その獣は、「牛のように大きく、胸幅が広い」体型。自然環境でも巨大なオオカミはいますが、最大で体長140センチほど。牛とは比べものになりません。

さらに「犬のグレイハウンドのように尖った鼻面」で、「後肢は前肢よりやや長く、尾はライオンのような毛皮の房で覆われ」、赤みがかった全身の毛の色や、背中にはハイエナのような黒いブチ模様があった点からすると、オオカミと「獣」はどうやら別種のようです。

この事件から約1カ月後の7月1日、ランゴーニュからほど近い、レ・ウバック村で14歳の少女ジャンヌ・ブルの遺体が内臓を食い荒らされた無惨な姿で発見され、それ以降「獣」によるものと考えられる襲撃が頻発するようになります。

しかし、**ターゲットとなったのは基本的に若い女性か子どもばかり**でした。

1765年5月、ついにフランス国王ルイ15世が、国王軍の精鋭部隊である竜騎兵《りゅうきへい》をジェヴォーダンに派遣。彼らと地元民による混交部隊が山林を探索しますが、残念ながら具体的な成果はえられませんでした。

ルイ15世は次にノルマンディーの狩猟官デンヌヴァル父子を派遣しますが、彼らも結果を出せずじまいでした。

国王はさらにフランス随一の射撃の名手フランソワ・アントワーヌ・ド・ボーテルヌを送り、3カ月後、ついに**背中に黒いスジのある巨大なオオカミを1頭仕留めさせる**ことに成功します（その遺骸はパリで剝製《はくせい》にされましたが、現在は所在不明）。

しかし、「獣」による被害は終わりませんでした。

それなのにルイ15世はその後、事件解決への努力をあきらめたかのようにやめてしまうのです。

## 「ジェヴォーダンの獣」は本当にただのオオカミにすぎなかったのか？

１７６７年になって、地元の領主・アプシェ侯爵家が意を決したかのように部隊を編成します。その中のジャン・シャステルが6月19日、**巨大なオオカミに似た、しかし首に黒い縞《しま》、胸に白い斑紋《はんもん》のある獣の射殺に成功**しています。

その後、ようやく「獣」の被害はおさまりました。

この奇妙な獣の死体は、シャステルによって馬に乗せられ、村から村へと巡回したのちにルイ15世のもとに送られましたが、その頃にはすでに夏の暑さで腐敗し、悪臭を発していたため、ろくに調べられぬまま埋められてしまったそうです。

しかしこれにより、３年の長きにわたって約90～１２０名の死傷者・約30～50名の負傷者を出した大惨事がようやく終わったのでした。

謎めいた「獣」の正体については現在にいたるまで定説がありません。

ところが、その真犯人を探る手立ては別の歴史的事件の中にありそうです。実はフランスの歴史の中で、「獣」による人間の襲撃事件は何度も起きているのです。

ルイ15世治世下には、もうひとつの野獣事件がありました。ジェヴォーダンの事件から約30年ほど前の1731年から、**約3年間にわたり「オーセロワの野獣事件」といわれる、謎の獣と思われる存在による連続殺人事件**が起きているのです。

そして、このときは何か特殊な獣が撃ち殺されるような結末はないまま、事件は収束しています。

## 「オオカミの皮をかぶった少年」による殺人事件

注目すべきフランスでの「獣」による人間襲撃事件は、さらにもうひとつあります。17世紀はじめのペリゴール地方の子どもたちを襲った「獣」の正体は、実は判明しているのです。

それはなんと、13歳の少年ジャン・グルニエでした。彼の罪状は、約50人にもおよぶ子どもを殺して食べたという衝撃的なものでした。

そんな中で一家の長となった男たちは、責任感ゆえに人知れず心を病み、山谷を駆けめぐるオオカミのようにたくましく、強く、そして自由になりたいと願ったのかもしれません。

筆者の推測ですが、ジェヴォーダンの「獣」による襲撃は、自分をオオカミだと思い込んだ男（たち）による、いわば精神の病の発作としてはじまったと思われます。

しかし、襲撃事件が頻発《ひんぱつ》すると、**獣の皮をまといさえすれば、この事件のドサクサにまぎれて、「人間を襲いたい」という自分の秘められた嗜好《しこう》を満たせるのではないか**……と考えた変質者たちも犯行に混じるようになったのだと考えられてならないのです。

「獣＝変質者」説にはさらなる根拠があります。

「獣」による襲撃事件があいついでいた1766年夏、牛飼いの男ピエール・ブランは「立ち上がって」襲いかかる「野獣」と3時間にもわたって格闘したそうですが、

彼は**「野獣」のお腹に「いくつかのボタン」が付いているのを目撃している**のです。

## 本物のオオカミを〝スケープゴート〟にして事件を解決させた？

しかし、快楽殺人のたぐいは犯人が死ぬか捕まるかするまで止まらないはずなのに、そして犯人は複数いたにもかかわらず、事件がなぜ約3年で収束したのかという疑問は残ります。

また、2匹目の巨大なオオカミに似た「獣」が射殺されて以降、犯行の記録がなくなったということの理由も解明できません。

これは筆者の推論ですが……事件の最終局面までほとんど無為だった地元の領主・アプシェ侯爵家が、重要なカギを握っているのではないでしょうか。

「獣」の正体が化け物どころか、複数の変質者であり、そして彼らの犯行を領主・アプシェ侯爵家が食い止められていないのだとしたら、それは侯爵家が国王からおとがめを受けても仕方のない状態です。

**事情をひそかにつかんでいたアプシェ侯爵家は、裏で「獣」に該当する者たちを探し当て、約3年をかけて粛清。それが終わる頃を見はからって、表では討伐《とうばつ》隊を結成、巨大なオオカミを真犯人たちの代わりに撃ち殺した……**というような筋書きを筆者は考えてしまうのです。

ルイ15世がある時期から無為無策だったのは、事件の真相を知り、国王が関わることで真相が外国にも漏れることを恐れたからでしょう。

本物のオオカミが身代わりの羊＝スケープゴートになったとは皮肉そのものですが、ジェヴォーダンの「獣」については、フランス本国では現在でも毎年のように事件についての本が刊行されるほど、関心が高い話題です。

この事件は、18世紀中盤、革命を前にしたフランスの貧しい山間部に暮らす人々の心の闇を象徴するような事件だったといえます。

# 6章

# 人間はここまで残酷になれてしまう

## ――心に〝魔物〟を飼っていた人々

# スコットランド女王でありながら男を渡り歩くメアリー・スチュアート

16世紀のスコットランド女王メアリー・スチュアートは、彼女の宿命の政敵である**イングランド女王エリザベス1世とは、非常に対照的な存在**だと言われ続けてきました。

メアリーが色白だったのに対し、エリザベスは色黒。

メアリーが薄化粧だったのに対し、エリザベスは厚化粧で、後年になればなるほど、表情が読み取れない厚さにまで白粉《おしろい》を塗りたくっていたことで知られています。

シンプルな色づかいやデザインの装いを好んだメアリーに対し、エリザベスは派手好みでした。

エリザベスの遺品の手袋からは彼女が大きな手、長い指の持ち主であり、肖像画からはまるで男のように頬骨《ほおぼね》が発達していたことがうかがえます。

一方、メアリーは楚々《そそ》たる美女として知られていました。少なくとも外見は……。

メアリーとエリザベスには大きな共通点もありました。業深い恋愛をするということです。しかしタテマエだけにせよ「処女王」として生涯独身を貫いたエリザベスとは異なり、メアリーは数多くの男性と恋愛・婚約を繰り返し、三度も結婚をしているのです。

## 「弱い女」に見せながら、その本心では――

メアリーの最初の夫は、フランス国王フランソワ2世でした。

しかし虚弱なフランソワは16歳で病没、子どももできないまま、メアリーはスコットランドに戻ることになりました。

政敵・イングランドのエリザベス女王に対抗するため、またスコットランド女王として権力を保持するため、メアリーは野心を持つ男性の保護を必要としていました。**再婚を考える彼女が望んだ相手は、スペイン王国の王太子・フェリペでした。**２人は熱心なカトリック教徒であるという共通点もありました。

しかしメアリーの野望は、スコットランド女王メアリーと将来のスペイン国王フェリペを結びつけたくないイングランド女王エリザベスの、そしてフランス時代の義母にあたるカトリーヌ・ド・メディシスの差し金でついえてしまったのです。

メアリーはエドワード6世（前イングランド王・ヘンリー8世の嫡男で、エリザベス1世の異母弟）と婚約していた過去によって、現イングランド女王のエリザベスよりも自分のほうが、イングランド女王にふさわしいのだという主張を繰り返していました。

その主張に共鳴する、野心ある男に「守ってもらう」という形をとりながら、実質的には彼を「支配する」のがメアリーの目的でした。

## 2人の男のあいだを〝行ったりきたり〟

メアリーが再婚した相手は、ヘンリー・ダーンリーという遠縁で野心家のスコットランド貴族です。メアリーは当初、若く長身ですらりとしたダーンリーにべた惚れでした。

しかし男らしい性格だと思われていたダーンリーが、結婚後にはワガママなだけの男だと判明するとメアリーも興ざめし、2人の関係は冷え切ってしまいます。

すると彼女は、自分の秘書で、もとは音楽家のイタリア人男性ダヴィッド・リッチオを寵愛《ちょうあい》するようになります。彼はメアリーに細やかな愛情を注いでくれたようです。

そんな中、メアリーの妊娠が発覚します。周辺からは**「メアリーの腹の子の父親はあのリッチオに違いない」**という声があがりましたが、メアリーはそれを否定し続けました。

実際にメアリーとダヴィッド・リッチオが愛人関係だったかどうかには諸説があります。**女王としての権力を自力では保持できず、男性の庇護をことさらに必要とするメアリーが、秘書に本気で恋などするでしょうか。**浮気の噂で夫を嫉妬させ、それをスパイスに関係の再燃を狙おうと考えていたのかもしれません。

## 愛人を〝メッタ刺し〟にした夫の手で愛撫され——

しかし、1566年3月9日、メアリーと食事中のダヴィッド・リッチオを、メアリーの夫ヘンリー・ダーンリーが手下とともに襲撃し、リッチオの全身を53箇所ないし60箇所も刺して殺害するという凄惨な事件が起きるのです。

メアリーはその場にいたものの女王ですから、さすがに手出しはされませんでしたが、精神的に大きなショックを受けています。

翌朝早く、ダーンリーがメアリーの部屋を訪ねると、メアリーは泣きやみ、昨晩とはうってかわって落ち着いています。それを見ると**ダーンリーは「ねぇメアリー」などと親しげに呼びかけ、彼女を愛撫しながら「あんな騒ぎを起こしてすまなかった」と謝った**そうです。

そしてそんなムシのよい夫にメアリーが反発したという記録は残されていません。逆にダーンリーのほうが、リッチオを殺してしまったショックに頭が混乱していたそうですよ。ちなみに、これらはすべてメアリー自身が証言した記録によります。ここから、メアリーという女の冷たく、恐ろしい本性が明らかになる気がしませんか？

ダヴィッド・リッチオはたしかに小柄で風采《ふうさい》もあがらず、身分も使用人にすぎませんが、メアリーは親しくしていたはずです。そんなリッチオが目の前で残虐な方法で殺された翌朝、いくら夫であるにせよ、リッチオを殺した男に愛撫され、普通の神経の持ち主ならこれほど落ち着いていられるものでしょうか。

一方、この事件は妻と使用人の男性に本気で嫉妬し、殺人まで犯してしまう愚かな夫をメアリーが見限るきっかけになったとも思われますが……。

同年6月19日、メアリーは難産にのたうちまわりながら、男の子を出産します。

**「本当に自分の子か」という夫ダーンリーの疑いを、最終的には女王としての権力をつかって退《しりぞ》け、その子を嫡男にしています**（のちのジェームズ1世）。

## 男にすがらざるをえなかった〝女王としての限界〟

出産後も夫との関係が修復されることはなく、メアリーは今度はボスウェル伯爵という貴族と関係を深めていきました。

そして女王と結婚したいボスウェル伯は、彼女の夫・ダーンリーが静養している城館を爆破してしまったのです。

ボスウェル伯によるダーンリー殺害は、自分の差し金ではないとメアリーは主張していますが……女王と結婚し、権力を手にするためならばボスウェル伯が手段を選ばないことは見越していたはずです。さすがに城館ごと爆破するとまでは思わなかったかもしれませんが。

1567年2月10日、ダーンリーの遺骸が発見され、ボスウェル伯は未亡人になったメアリーに正式にプロポーズをします。それから数カ月が経った5月15日には結婚を渋るメアリーを説得し、2人は正式に夫婦になりました。

メアリーはこのとき、**ダーンリーが亡くなって数カ月もしないうちにスピード再婚したのは、「スコットランドという国家のためだった」**と言い訳していますが、実際のところは男の腕から腕へと渡り歩いている印象を減じ、少しでも貞淑《ていしゅく》な女性に見せたいという演出だったと思われます。

**エリザベスのような生来の政治家タイプの女王とは異なり、自分自身の手で何かを成し遂げることができなかったことが、女王メアリーの本質にして限界でもあります。**

スコットランド女王の称号を持つ彼女を利用して、自身の出世欲を満たそうと寄ってくる男たちを次々と操《あやつ》り、いわば女の武器で政治家として無能な点を埋めようとしていたのですが……彼女の努力と期待のすべてがついえるときがきます。

## 「宿命のライバル」によって、囚われの身に

メアリーとボスウェル伯は反乱軍の鎮圧に失敗してしまいます。ボスウェル伯はノ

ルウェーを目指して亡命するのですが、劣悪な環境の牢獄に10年も監禁されたあげく、「汚物にまみれて死ぬ」という無惨な獄死《ごくし》を遂げます。

メアリーはスコットランド女王として廃位され、亡命したイングランドでは19年以上におよぶ監禁生活を送ることになりました。

**メアリーの身柄を預かってくれたのが……イングランド王国のエリザベス女王でした。**しかし監視されながらも、ある程度は自由な生活を許されていたメアリーはイングランド各地を転々としながら、外国の王家と連絡を取り合うのです。

最悪の結果をもたらしたのは、**囚われの身であるメアリーに小姓《こしょう》として仕えていたアンソニー・バビントンという貴族の青年が中心になって企《くわだ》てた、エリザベス女王暗殺計画に加担してしまったこと**でした。

この物騒な計画はたちまち露見し、エリザベスの強い希望で、バビントンらは生きながら「刀で切り倒され、陰部をえぐられ（略）」……実にむごたらしい方法で処刑されます。

エリザベスは、メアリーの処刑執行を「今は廃位されていても、かつて神に選ばれて君主になった人間を、処刑などしてはならないのではないか」と迷い続けました。しかし、死刑執行文書に（エリザベスいわく）「誤って」サインしたことで、メアリーの斬首は決行されたのです。

エリザベスは生涯、このときの自分の決断を悔やみ続け、最期の言葉のかわりに、うなされるようにメアリーの名を呼んだとも伝えられています。

## 処刑場で最期に見せた〝女のプライド〟

1587年2月8日、フォザリンゲー城の大広間に設けられた処刑場にメアリーは落ち着いた様子で、現われます。

処刑の直前、漆黒の繻子《しゅす》のドレス姿だった彼女は外衣を脱ぎ捨て、300人もの見物人の前で深紅のペチコート姿になります。深紅は、カトリックにおける殉教者《じゅんきょうしゃ》の色でした。

まさかりの最初の一撃は不幸にも首をはずれて、彼女の後頭部に振り下ろされ、次の一撃で、ようやく首は胴体から離れました。

ところが、首切り役人がメアリーの首を、その髪をつかんで「エリザベス女王陛下万歳」と言いながら掲げた瞬間……毛束の中から彼女の頭がゴロリと転げ落ちたのです。

見物人たちは、たまらず悲鳴を上げました。

**すでに白髪交じりになっていたメアリーは自毛を短く刈り込み、鳶《とび》色の毛のカツラを着用して刑に臨んでいたのです。**

女として最後の意地の見せ所だったのかもしれません。

メアリーはすでに44歳になっていました。

# 〝悪女の極み〟エリザベート・バートリの血にまみれた快楽

ハンガリー随一の名門貴族・バートリ家出身のエリザベートがチェイテ城で死んだと確認されたのが1614年8月21日のこと。

彼女の寝室だったその部屋は漆喰《しっくい》で壁や扉が塗り固められ、漆黒の牢獄となっていました。外界との接点は、1日1回の食事が与えられるための小窓があるだけ。闇の中で彼女は3年半も長らえました。

## 身分の高い彼女の悪行を、誰も止められなかった……

エリザベートの罪が明らかになるきっかけは1610年、彼女の住まうチェイテ城から、1人の召し使いの女性が、命からがら逃げ出したことにさかのぼります。

チェイテ城は亡きナダスディ伯爵の居城で、エリザベートはその夫人でした（結婚後も生家の姓・バートリを彼女が名乗っているのは、彼女の生家のほうが、ナダスディ伯爵家より、家柄が高かったからだそうです）。

**逃亡に成功した例の召し使いの女性の告発から、先代領主夫人のエリザベートが、城の中で行なっている異常な行為が明らかになりました。**それだけでは飽き足らず、滞在先のウィーンの旅籠《はたご》ですら、エリザベートは拷問や虐殺を楽しんだのです。

領地からウィーンに同行させた女歌手イロナ・ハルツィをバラバラにした遺体を居城に持ち帰り、地元の聖職者をわざわざ呼びつけてイロナを弔《とむら》おうとするなど、まるで自分の所業を、ひけらかすかのような行動をとったこともあったそうです。

しかし周囲の人々は、異常に気づきながらも、身分の高い彼女からの報復を恐れ、密告すらできなかったといいます。

## 城の地下室がおぞましい「快楽の園」に

彼女の嗜虐《しぎゃく》趣味があらわになったのは、夫で軍人だったフェレンツ・ナダスディ伯爵が亡くなった1604年以降のことでした。かつては城の穀物保管庫だった地下室が、おそるべき「快楽の園」へと変わったのです。

このとき、エリザベートは44歳、4人の子どもの母でした。

しかし、15歳で結婚した彼女の手元から子どもたちはすでに離れ、家族の目もなく、人里から離れたチェイテ城の孤独の中で、彼女は異常な快楽の趣味を存分に開花させてしまったのです。

捜査官が問題の地下室に踏み込んだ1610年12月、彼らが目にしたのは凄まじい臭気のただよう室内にあふれる、大量の死体でした。その数々に、残虐な行為をほどこした跡が見受けられました。

エリザベート本人の証言とされる記録では、**召し使いとして、あるいは行儀見習いを募集するなどの名目で集めた約600名もの女性を殺害し、その血や肉を自身の若返りのための特効薬として用いた**といわれています。

美容目的だけでなく、女性たちを責めさいなんで殺すという行為自体に、エリザベートが歓《よろこ》びを見出していたことが明らかになりました。

1611年1月、エリザベートはハンガリーのビッシェで行なわれた裁判で、その罪を裁かれることになります。

同時に逮捕されたエリザベートの侍女や召し使いたちが、裁判にかけられ、処刑されていったにもかかわらず、禁錮《きんこ》されていたにせよ法廷にも出向かなかったエリザベートは、親族の「嘆願」によって処刑をまぬがれました。

## 彼女は親族たちにとっても〝不都合な存在〟だった

彼女の罪は、狂気ゆえに犯されたものだと考えられたことも大きいでしょう。

しかしそのかわり、エリザベートは寝室にまるで「生き埋め」されるかのような形で死ぬまで閉じ込められることになったのです。ひと思いに殺されたほうがマシだったかもしれません。

捜査の陣頭指揮を執《と》っていたのが、彼女の親族にあたるトゥルゾー・ジェルジ伯爵という人物だった点からは、お家騒動のにおいを嗅ぎ取ることができるような気がします。

エリザベートは、夫の死から、捜査官が城に入り罪が発覚するまでの約4年ものあいだ、ナダスディ伯爵家の正統な後継者を決めていませんでした。**親族にとって、チェイテ城に夫もなく後継者も決めぬまま君臨し続ける女性領主の存在が、大いに不都合だった**ことは間違いがありません。

**大貴族の城の内部は、治外法権的な場所**でした。それでもエリザベートの奇怪な噂をもはや見過ごすことができなくなった一族の者たちによって、彼女の追い落としがはかられた……そう考えられるのです。

死の数日前、彼女は「子どもたちに財産をゆずる」という遺言書を代筆させました。その後、彼女の意識は途切れました。

闇の中に3年間も閉じ込められていたにもかかわらず、死ぬ直前まで明晰《めいせき》な理性を保っていたということですね。この事実にこそ、背筋が凍るような気がします。

彼女の罪も狂気からではなかった……つまり心神喪失状態で行なわれたものではなかったのかもしれません。**彼女は最初から狂ってなどいなかった。あるいは彼女の正気は他人が狂気と呼ぶものでしかなかった。**

彼女の残虐な行為は、そう、エリザベートという女が生まれながらの「悪魔」だったがゆえの行ないかもしれないのです。

# 吸血鬼ドラキュラのモデル ヴラド3世は何を求めていたか

吸血鬼ドラキュラ伯爵のモデルとして語られることが多い、「ドラキュラ公」ことヴラド3世。現在のハンガリーのあたりに領土を持っていた、ワラキア公国の君主でした。

実際には、ヴラド3世と吸血鬼ドラキュラのあいだには、さしたる類似点はありません。

しかし身内ですら信用できない、弱肉強食の時代を生き抜かざるをえなかったヴラド3世の治世は、フィクションの吸血鬼伝説以上の血なまぐささで満ちているのです。

## 恐怖の暴君が〝生まれざるをえなかった〟背景

ヴラド3世の時代のワラキア公国の公位継承には、独特のルールがありました。他のヨーロッパの国のように長子相続と定めていなかったのです。また、**当時のワラキアでは、短期間のうちに何度も君主が替わっていました。**１４０１年から１５００年の１００年間で公位についた男性は合計32名にものぼります。ちょうどヴラド３世の時代ですが、１人あたりの在位期間は平均３年あまりと、他国に比べ異様に短いことがわかりますね。

ヴラド３世もその生涯で、二度の廃位と三度の即位を経験しています。つまり廃位されるたび、執念の復位を遂げたということです。

ワラキア公国だけでなく、臣下と君主の実力が拮抗《きっこう》している例は他のヨーロッパ諸国の場合にも多かったのですが、ヴラド３世の時代のワラキアはさすがに異常というしかありません。**君主が少しでも弱味を見せようものなら、臣下だけでなく、親族、下手すれば兄弟からも裏切られる、弱肉強食の世界だった**のですから。

ワラキア公国の抱える問題は不安定な国内政治だけではありませんでした。オスマン・トルコ帝国の東欧侵攻も、政情をいっそう不安定にしていました。

ヴラド３世が戦わねばならない相手は国内外に大量におり、そんな状況下を生き延びるには、強くあること、つまり「力」こそが必要でした。それが暴政と呼ばれるものであったとしても、強いリーダーを持たない国は簡単に滅ぼされてしまうのですから。しかし、そんな時代背景は、ヴラド3世時代のワラキア公国に恐怖政治をもたらします。

## 即位直後の祝宴で集めた貴族たちを――

ドラキュラのモデル・ヴラド3世

ヴラド・ツェペシュが二度目の即位を遂げ、ヴラド3世を名乗ったのは1456年のことでした。

即位直後、ヴラドは国内の有力貴族を一堂に集めて祝宴を催します。しかし、これはただの宴ではなかったのです。

ヴラドは、**「お前たちが**

**何人の君主に奉仕してきたか知りたい」**と問いました。

すると、年が一番若い貴族ですら7人と答え、その他の貴族も30人、12人、50人……と悪びれることもなく答えます。自分の利益のためならば君主を裏切ることに、何の罪の意識もない者たちばかりなのでした。

また、これら会食会に参加した者たちの中に、かつてヴラドの父を暗殺し、兄・ミルチャを生き埋めにして殺害した犯人がいることを、彼は知っていました。

しかし、この場でヴラドが行なったのは、真犯人の詮議《せんぎ》ではありません。**呼び寄せた貴族たち全員をその場で逮捕、串刺し**にして殺すことでした。


串刺しには様々なヴァリエーションがありますが、その基本的なやり方では、先を削った杭《くい》を受刑者の肛門に、それも即死させないように、実に丁寧にゆっくりと打ち込むことからはじまります。このとき、杭の先を尖らせすぎないように、むしろ丸くすることで受刑者の苦悶の時間が長引くようにするのです。

そのようにして身体を刺し貫いてから、杭を柱のように立てかけ、地上に固定。そのまま罪人はもだえ死にますが、腐るまで放置するのが刑の全工程です。受刑者は短くて数時間、長くて数日以上も生きたまま苦しんだそうです。

こうしてヴラドは、自分に反旗をひるがえしかねない有力諸侯を一網打尽《いちもうだじん》にすることに成功したのです。

しかし、いきなりの大粛清に国民はとまどいました。ヴラドは彼らに次のような言葉をかけました。

**「君主が強大で、国内で勢力を保持しているならば、平和を推進できる。しかし彼に力がなければ、より強い力を持った男がやってきて君主となり、その男が好むやり方をやってのける」**

……だから、不穏分子《ふおんぶんし》をまとめて串刺しにできるほど、強い力を持っている自分こそが、ワラキアの平和には必要な理想の君主なのだ、とヴラドは訴えたのです。

## 庶民の女性も、その罪なき子どもまでも……

ヴラドの即位から4年のあいだに、串刺しで殺された貴族たちは総計2000名に達したという説まであります。

串刺しはヴラド自身の発明ではなく、オスマン・トルコがよく用いる処刑方法でした。ヴラドは幼い頃から比較的長期間、オスマン・トルコで人質生活を送っているため、この処刑方法を知り、これは国内政治にもってこいだと思ったようです。

そして、反対派の貴族ばかりか、庶民が相手でも容赦しないのがヴラド流でした。**ルールに反する行ないをした者や、極端に貧しく、今後も稼げなさそうな者とか、年老いて病み衰えている者など、ヴラドが「不快に感じた」人々の処刑は即座に決まりました。**その人物が生きていても仕方ないかどうかは本来、他人が決められることではないと思うのですが……。

彼らは例のごとく串刺しにされたり、一箇所に集められ食事を振る舞われた後で、生きたまま焼かれたりしてしまいました。

「ふしだらな女」にも、ヴラドは厳しく臨みました。性的な意味だけでなく、たとえば主婦としての仕事をまっとうせず、働き者の夫にボロボロの服を着させて平気な女、生活ぶりがだらしない女も処刑の対象でした。

**ダメな妻を串刺しにさせたヴラドは、夫に働き者の新しい妻をプレゼントした**そうです。言動に問題のある母親も串刺しの刑に処されましたが、罪のないその子どもすら、同時にまとめて串に刺されてしまったそうです。

教皇庁からの使節・エルラウ大司教が１４７５年に教皇庁に提出した報告書によれば、ヴラドが処刑した人物は10万人にも達していました（ちなみにワラキア公国の当時の総人口は50万人弱です）。

こんなハイペースで人口が減っていけば、ワラキア公国が平和になる前に、国民がいなくなってしまう危険すらあったといえるでしょう。

## ドラキュラ本人の〝あっけなさすぎる死〟

残虐と死に支配されたヴラドの人生の終わりは、謎に満ちています。

１４６１年、ヴラドはオスマン・トルコに反旗をひるがえし、トルコから翌年派遣された大量の軍隊を前にしても臆《おく》せずゲリラ作戦を敢行《かんこう》、大きな成果をあげます。

この戦争に、どうしても隣国のハンガリー王国の力を借りたいと思ったヴラドは自ら、意思のハッキリしないハンガリー国王に軍事協力を要請しに行きます。ところがそれはワナであり、ヴラドはハンガリー王によって幽閉されてしまいました。

ワラキア公の座を再び失うヴラドですが、幽閉期間中にも一筋縄ではいかない行動を繰り返します。まず、それまで彼が信じていた東方教会の信仰を捨て、ハンガリー王の信じるカトリックに改宗しています。

それを足がかりにハンガリー国王の妹とヴラドは結婚、さらにモルダバ（現ルーマニア領モルダヴィア）に侵攻してきたオスマン・トルコ軍を見事な手腕で撃退し、ハンガリー王の歓心《かんしん》を買うことに成功しているのです。

こうしてハンガリー王という後ろ盾を得たヴラドはワラキア公国に戻り、三度目のワラキア公に即位します。しかし、復位するために、ハンガリー王の手下になったかのように動いたヴラドに、人々の反感は高まっていたと思われます。

三度目の即位直後に彼の死は訪れました。オーストリアの年代記作者ヤコブ・ウンレストによると**「公室評議会のときに、ヴラドは側近に暗殺された」**といいます。乗馬中に**側近たちによって斬りつけられた**ヴラドは、あっけなく死んでしまったそうです。

怪物じみた残酷さの持ち主だったヴラドも、その肉体は、他の人々と同じようにもろく、はかないものだったようですね。

# 自分を愛さぬ夫・エドワード2世を惨殺させた王妃イザベル

1308年のこと。フランス王家のプリンセスであるイザベル・オブ・フランスは、わずか12歳で、イギリス国王エドワード2世と結婚しました。

エドワードは12歳年上の24歳。父王の崩御により、王位を継いで間もない頃でした。世間は若い2人の今後に注目します。

## 王妃でありながら、夫の愛人に耐えるしかない——

しかし、イザベルが新婚生活に感じたのは「屈辱」でしかありませんでした。

**夫・エドワードのかたわらには常に、愛人とささやかれるほど仲のよい若い騎士、ピアズ・ギャヴェストンという男がいた**のです。

イザベルに王妃の称号を授与する儀式でも、彼女に冠をかぶせたのは、ギャヴェストンでした。そして、その後の祝宴で、彼女のかわりにエドワードの横にいたのも、なんとギャヴェストンだったのです。国王の意思が王妃の尊厳よりも重んじられたのですね。

しかも、彼らの座席の後ろの壁に掲げられた幕に描かれていたのは**エドワードとイザベルの紋章ではなく、エドワードとギャヴェストンの紋章だった**のです。イザベルの持参金も、ギャヴェストンに貢《みつ》がれてしまいました。

イザベルとエドワードの新婚生活は常に、ギャヴェストンとともにありました。一度はギャヴェストンを宮廷から遠ざけたものの、エドワードのたっての願いで呼び寄せてしまったことまでありました。

エドワードは政治的に無能であり、その寵臣であるギャヴェストンも、相当に無能であると判明してからは、それでも国王を支持する貴族と反対派の貴族によって、イングランドは内戦状態におちいります。

反対派の貴族の追撃を逃れるべく、エドワードとギャヴェストンはロンドンを脱出します。イザベルも彼らに同行させられイングランド中を移動する日々が続きます。

しかし1312年5月19日、ギャヴェストンは反対派の手によって捕らえられ、裁判も受けないまま、処刑されてしまいます。

## 世継ぎの王子をえて、反撃に出る

しかしこの混乱の中でもイザベルは本心を隠し、王妃として賢く立ち振る舞う術を覚えていきます。

17歳の若さで世継ぎの王子（のちのエドワード3世）を授かってからは、宮廷における彼女の存在感は増しました。夫・エドワード2世の相談役にもなり、のちに「メスオオカミ」と呼ばれたイザベルの本領が次第に発揮されはじめたのです。

ギャヴェストンを殺されてからのエドワードは比較的落ち着いていたのですが……次なる**「運命の男」ヒュー・ディスペンサーが現われると、エドワードは彼に狂い、イザベルの財産をふくむ大金を貢ぎはじめた**のでした。

1325年、27歳になっていたイザベルは、遂に行動を起こします。ちょうどその頃、イギリスとフランスの関係が悪化していました。

フランス王家出身のイザベルは、兄のフランス国王・シャルル4世に取りなしを頼むと言って、エドワードとヒュー・ディスペンサーを騙し、世継ぎの王子とともに渡仏しています。

そして、イザベルは、先にフランスに亡命していた反国王派の英国貴族・ロジャー・モーティマーと再会しました。**モーティマーはイザベルの愛人でもありました。**

彼女はついに反撃に打って出ます。

**「結婚は男と女の結びつきですが、夫と私たちの関係を壊そうとする人物がいます。この人物がいなくならない限り、私たちは英国に戻りません」**

1326年9月末、イザベルとモーティマーは世継ぎの王子を担ぎ上げ、王妃軍を結成、イギリスに攻め込んだのです。

## 自ら殺害を命じた夫の棺に、泣きながら付き従う

11月26日、捕らえられたヒュー・ディスペンサーは処刑を宣告されました。通りを引き回されてから全裸に剝《む》かれ、15メートルの高さから首を吊られたあげく、まだ息があるうちに内臓を引き抜かれ、去勢までされています。

エドワード2世も力ずくで退位させられ、世継ぎの王子に譲位が行なわれます。前

国王が存命中に譲位が行なわれたのは、英国史上初のことでした。

そして翌1327年9月21日、エドワードは、一説には真っ赤に焼けた鉄の棒を肛門に突き刺され、絶命したといいます。

殺害を命令したのは当然ながらイザベルだったはずですが、**「何者かによる凶行による前国王の崩御《ほうぎょ》」**と発表され、新国王エドワード3世となった15歳の息子とイザベルはさめざめと泣きながら、亡き夫の遺骸の眠る黄金の棺に付き従ったそうです。

しかし、イザベルには誤算がありました。息子は母ではなく、なぜか常に父親の味方だったのです。前国王の死から3年あまり経った1330年11月29日、18歳になったエドワード3世は、母の愛人・モーティマーを、前国王エドワード2世への謀反《むほん》の罪で捕らえ、絞首刑にしたのち、遺骸をバラバラに切り刻んでしまいました。

イザベルはすべてを悟り、息子に逆らわず、その財産のすべてを譲って幽閉の身となりました。1358年に亡くなった**彼女はその遺言通り、夫・エドワード2世の心臓を納めた銀の壺とともに埋葬されました。**

彼女は自分の犯した罪に、何の罪悪感も抱いていなかったようですね……。

# 中国史上唯一の女帝、則天武后の凄まじい野心

古代中国の歴代王朝の中でも、女性の地位が低くはなかったといわれるのが唐王朝です。しかし女性が帝位につくことは、認められてはいませんでした。すると、**女帝になりたいというおのれの欲望のために、新たな王朝「周《しゅう》」を打ち立てしまう女**が現われました。

それが中国史上唯一の女帝となった武則天《ぶそくてん》こと、則天武后《そくてんぶこう》です。

則天武后の幼名は媚娘《びじょう》といいます。生家の武一族は財産家で、父親がたまたま女子教育に熱心だったため、媚娘は幼少時から高度な英才教育を受けて育ちました。

しかし、8歳で父に先立たれてから運命は暗転、異母兄弟から虐待される日々が続いたそうです。ただ、のちのちの彼女の問題行動を考えると、単純に男尊女卑の気風が強い家だったというより、媚娘がとんでもなく家族から嫌われていただけという可

能性も捨て切れないのですが……。

## 父と息子、2人の皇帝の愛を受けて

14歳で媚娘は、太宗《たいそう》の後宮《こうきゅう》に入りました。本人の野望だけでなく、実家から厄介払いをされてのことです。彼女は「才人」という位をえました。成人後は武照、妃としては武才人と呼ばれ、幸いにも皇帝の愛を受けることができたのでした。

ところが……中国の後宮は、恐ろしい女の園でした。皇帝の正室は皇后ただ1人。その他にも多くのお妃たちがいますが、身分上は愛人の扱いにすぎません。中国の後宮は完全なピラミッド形の縦社会で、官位が低い才人はお妃の中でも最下層です。

そんな低い身分の妃が、高位の妃たちを飛び越えて皇帝の寵愛を受ける場合には、ことさらに妬《ねた》まれ、恨まれ、手ひどいあざけりさえ受けたのです。

武照は、**「彼女は賢すぎる」「賢すぎる女を皇帝が愛すると、世が乱れる」**などと吹聴され、愛情よりも自らの保身のため、そうした噂を封じたくなった皇帝・太宗に捨てられるという憂き目を見ました。

## 生まれたのが女の子だったのに落胆し……

しかしそれでも彼女の運は尽きず、**太宗の息子にあたる李治《りち》（のちの高宗《こうそう》）に寵愛されるように**なります。彼女は太宗が崩御すると、道教の寺院で出家します。ここで道教の呪術でも勉強したのかもしれませんね。彼女の高宗の心の惹きつけ方は、もはや催眠術の領域だと思われますから……。

さて、出家することで、先代皇帝の妻だったという過去をリセットし、宮廷に復帰した武照は高宗とのあいだに子どもを授かる幸運に恵まれます。しかし、生まれてきたのは女の子でした。唐王朝では公主《こうしゅ》（内親王）に帝位の継承権はありません。落胆した武照は、恐ろしい手に打って出ます。

**生後まもない娘を、自らの手で窒息死させ、その罪を、高宗の正妻たる王皇后になすりつけたの**です。王皇后は武照の宮廷での恩人でした。

彼女は自ら圧殺した、なんの罪もない娘の遺体をわざとらしく「発見して」泣き叫び、**「この部屋に前に入ったのは誰？」**と訴えました。王皇后が彼女の部屋を訪れた後のことでした。こうして王皇后は武照から殺人の罪をなすりつけられたのです。

武照が自らの手で幼い愛娘を殺害するなど、考えもしない高宗は、武照の主張する王皇后犯人説を受け入れてしまいます。

こうして皇后を武照は蹴落とし、自分を盲愛《もうあい》する高宗の後押しで、皇后になってしまいました。**「あんな身分の低い女は皇后にはできません」**という官僚たちの猛反対すら押し切らせたのでした。

自分の娘を窒息死させたとき、武照は31歳。当時では立派な高齢出産です。今後もいくら高宗に愛されたとしても、子どもを授かれるかどうかはわからないのです。大きな賭けに出たものですね。しかし、公主の母という身分で自分の人生を終える気は、武照にはさらさらなかったのでしょう。

## かつてライバルだったお妃たちへの、鬼畜の所業

皇后となった武照は勝ち誇り、監禁されていた王（元）皇后や、後宮の実力者たちの処刑にとりかかります。かつての彼女なら、太刀打ちすらできなかった上級のお妃たちですが、皇后となった武照には向かうところ敵などいないのです。

武照は、牢獄から引きずり出したお妃たちの身体を棍棒《こんぼう》で百叩きに打ち据《す》えます。

さらに四肢を切断した上、酒ガメの中に放り込んで「骨まで酔っ払え!!」と捨てゼリフ……。その状態ですら彼女たちは数日間、苦しみながら生きていたそうです。

武照のそんな行ないを知って、それでも高宗の寵愛が冷めなかったのなら、武照だけでなく高宗も、狂気にかられていたとしか思えません。

## とどまるところを知らない野心が、行き着いた場所

武照の恐るべき野心は、その後も発揮され続けます。気に入らない親戚や、なんと皇帝となるべき息子たちをもふくむ家族にまで手をかけるようになります。

武照が毒でも盛っていたのでしょう――ちょうど「病気がちになった」夫・高宗に代わって彼女が政治を執りました。

武照は本心では、高宗のことさえも消してしまいたかったのだと思いますよ。しかし、唐帝国のトップはあくまで皇帝であり、皇帝の存在なくして、皇后の武照が政治を操る権力を持つことはできません。高宗が崩御すれば、次の皇帝を選ばねばならず、武照は権勢を失う可能性もありました。

だからこそ彼女は**唐王朝を廃止し、周という新王朝まで作ってしまった**のです。す

べては自身が女帝となるためです。唐の法律では女帝の即位が認められていなかったからです。そもそも、武照は唐の皇族出身ではありませんから、唐という王朝である限り、皇帝の座にはつけないのです。

周の女帝となった武照は、斬新な政策を乱発します。同時に徹底的な恐怖政治をしいて、反対する者や裏切り者を粛清しつつも、一時期はかなりの政治的成果をあげました。

ところが……82歳という、当時では驚異的な老齢まで生きた彼女も、さすがに中国全土を統治するだけの力が衰え、唐王朝を復興することを考えるようになります。

彼女は女帝の座を705年2月に退位し、周の歴史に自ら幕を引きました。

唐が復活し、新たな皇帝が即位します。則天武后は、同年12月に亡くなりました。

彼女は**「自分を女帝としてではなく、あくまで高宗の皇后としてまつってほしい」**と遺言しました。唐王朝を滅ぼし、新王朝を建てるなどやりたい放題やったのに、それが尻すぼみの結果に終わったことをごまかしたかったのでしょう。

世界的に見てもまれなレベルの行動力を持つ一方、怪物じみて恐ろしい内面と欲望を抱えた女……それが則天武后でした。

# 発明王エジソンの「最低最悪の失敗作」が巻き起こした悪夢

「発明王」として知られるトーマス・エジソン。電球や蓄音機《ちくおんき》、フィルムを使った活動写真などの発明はあまりにも有名です。

「私は失敗したことがない。うまくいかないだろう1万の方法を見つけただけだ」とか、「どんな失敗も、新たな一歩となる」といった名言を残したエジソン。

実際、彼の発明の多くは、「失敗が成功の母」となったものです。

しかし、その中でも間違いなく最低最悪な失敗作だったのが、電気イスでした。

## エジソンが「電気イスの発明」を思いついた、悪魔の瞬間

1882年、「電球や蓄音機の発明者」エジソンは、ニューヨークのパールストリートに最初の電気発電所を作ります。そこで生み出された電気が、金融街や繁華街を

明るく照らし出すようになります。

ところが、電気関係の特許をいくつか買収したジョージ・ウェスティングハウスという技師が、バークシャー州のグレート・バリントンという街に電気会社を設立すると、電気ビジネスの利権をめぐる対立は激化しはじめます。

エジソンの直流（DC）に対し、ウェスティングハウスは交流（AC）の電気を発明して用いていました。すると、採算面で優れていた、ウェスティングハウスの交流電流に人気が集まりはじめます。

エジソンの工場からも、多くのスタッフがウェスティングハウスに引き抜かれ、株主からは苦情が大量に寄せられ……苦しんだエジソンは、

**「処刑を交流（AC）の電気で行なったら、ウェスティングハウスを失墜《しっつい》させられるのではないか」**

とひらめいてしまいます。それが彼の例の「1％のひらめき」だったのかどうかはわかりませんが、とんでもなく邪悪なものであることは間違いありません。

## 恐ろしい〝見世物ショー〟の実態

エジソンはそれまで死刑廃止論者であったにもかかわらず、自分の直流電流の利益を守るため、電気を処刑に使う方法を具体的に模索するにいたりました。

**1883年から1888年の5年間で、直流・交流を問わず、電気事故で約250人のアメリカ人が亡くなっていました。**彼らは一瞬にして、しかもとくに苦痛もなく、死んだように（はた目には）見えましたからね……。

しかしその結果、発明されたのが、例の最低最悪な失敗作・電気イスだったのです。

電気イスの発明者はエジソンではなく、ハロルド・ブラウンということになっていますが、ブラウンを雇っていたのはエジソンです。

犬や猫、馬や類人猿を感電させて殺す彼の実験や、感電させて殺す様を見せる電気処刑ショーを全米各地で繰り広げさせたスポンサーも、エジソンでした。そのための実験を工場でサポートもしました。

彼らの主張は酷いものでした。

**「動物は1000ボルトの直流電流をあてられても生きているが、交流では300ボルト以下でも死んでしまう。だから、ウェスティングハウスの交流電流は安くても危険なのだ」**

……その場で仮に生きていたとしても、1000ボルトもの電流を浴びせられた動物が無事なはずありません。

しかし、このブラウンとエジソンの電気処刑ショーによって**「交流電流は危険で、動物や人を殺すのだけに向いている」**という偏《かたよ》った主義主張を人々に植えつける印象操作に成功します。

1889年、ニューヨーク州は電気による処刑を合法化、ハロルド・ブラウンは電気イス第1号を製作するにいたります。

「交流電流は殺人用」とのイメージを確実なものにしたいエジソンは、「ライバル」ウェスティングハウス社の交流電流を用いた強力な発電装置を買ったのでした。念を入れるにもほどがありますね。

## 「電気イス」が初めて使用された日

最初の電気イスは、こうしてニューヨーク州立オーバーン刑務所に納品されたのでした。そしてこの**「近代的にして、人道的な処刑道具」**を用いて、処刑される第1号は、斧で何人も殺したフランシス・ケムラーという男の囚人に決定しました。

1890年8月6日……ケムラーが電気イスに座る日がやってきました。髪を剃《そ》り、下着のパンツ一枚に剝かれてもケムラーは余裕を見せ、**「時間をかけてうまくやってくれ」**などと言っていました。

ところが、処刑開始のボタンが押された直後から、「近代的にして、人道的」どころか、見たこともない凄惨な光景を、立会人たちは目のあたりにすることになります。

300ボルトの電流が17秒間流されると、ケムラーは恐ろしく痙攣し、重たい電気イスが倒れそうになるほど揺れ動きました。しかも、放電後もケムラーはまだ生きていたのです！

すかさず2回目の放電が開始されますが、ケムラーの身体は真っ赤になり、肉が焼ける強烈な臭いと黄土色の煙が、立会人席を包みます。ケムラーと立会人にとって、地獄としかいいようのない苦痛の3分間でした。

しかし、それでも、まだ、ケムラーが生きていると確認されたので、3回目の放電が始まります。今度は青い小さな炎が背中を上下する様が見られ、その後、ようやくケムラーが死んだことが確認されました。

2人の担当医師が「ケムラーは苦しまなかった」と断言したので、全米の新聞が「科学と人類の勝利」などと電気イスのデビューを祝い、**「ケムラーはウェスティングハウスにやられた！」**と書く有力紙までありました。

エジソンは「勝利」を確信したそうです。悪魔ですね。

## “実験台”にさせられた哀れな死刑囚

ニューヨーク州の法医学委員会や電気イス導入に積極的だった議員たちは、さすがにショックを受け、電気イスの改良をブラウンとエジソンに厳命しました。

ケムラーが実験では十分だったはずの300ボルトで死ななかったことから、次の処刑からは770ボルト、1100ボルト、1780ボルトと電圧を上げる方法が試みられますが、失敗ばかりでした。それでは死刑囚が迅速に死にいたらないのです。

それでも、エジソンたちは簡単にはあきらめません。電気イスはダメだ、ギロチンや銃殺のほうがマシだと非難されないように（電気イスで特許をとっていたこともあり）、絶望的な試行錯誤が繰り返されます。

エジソンの発案で電極を付ける部位を、頭とふくらはぎ以外にしたこともありましたが、そのせいで絶命できるまでなんと7回も放電された哀れな死刑囚もいました。

感電死では一瞬で人は死んでしまうのに、電気イスではそうならないことのほうがなぜ多いのでしょうか。

実は、その謎は明らかにされないまま、20世紀後半で電気イスの開発は不完全なまで止まってしまっています。

1980年代からは、アメリカ国内でも、毒薬注射による処刑に切り替える州が多くなりました。

ところが、毒薬の入手をヨーロッパからの輸入に頼っている中、「死刑制度そのものを廃止すべき」という世論の流れによって、製薬会社が処刑用の毒薬提供を拒否することが増えてきました。そのため、**21世紀以降、電気イス復活の動きが出てきているそうです。**

あの世でエジソン先生はこれをどう考えているのやら……。失敗が成功に切りかわった例、とは思っていないことを祈ります。

## 【参考文献】

『フランス中世史夜話』渡辺昌美、『透視術―予言と占いの歴史』ジョゼフ・デスアール、アニク・デスアール、『カンパン夫人　フランス革命を生き抜いた首席侍女』イネス・ド・ケルタンギ（以上、白水社）／『ジャッキー、エセル、ジョーン　ケネディ家に嫁いだ女たち』J・ランディ・タラボレッリ、『ハプスブルクの涙―皇妃エリザベート』マリールイーゼ・フォン・インゲンハイム、『シェイクスピアの墓を暴く女』大場建治（以上、集英社）／『謎のカスパール・ハウザー』種村季弘、『澁澤龍彦全集〈4〉、〈10〉』澁澤龍彦、『ヴァギナ　女性器の文化史』キャサリン・ブラックリッジ（以上、河出書房新社）／『パンダの親指〈上〉―進化論再考』スティーヴン・ジェイ・グールド、『幻の動物たち―未知動物学への招待』ベカエール直美、ジャン・ジャック・バルロワ（以上、早川書房）／『未来の歴史―古代の預言から未来研究まで』ジョルジュ・ミノワ、『カストラートの歴史』パトリック・バルビエ（以上、筑摩書房）／『ローマ人の物語　ユリウス・カエサル　12～13』塩野七生、『芸術新潮　２０１８年1月号』（以上、新潮社）／『ガリレオの求職活動　ニュートンの家計簿　科学者たちの生活と仕事』佐藤満彦、『スコットランド女王メアリ』アントニア・フレイザー（以上、中央公論新社）／『悪いお姫様の物語　おとぎ話のように甘くない24人の悪女の真実』リンダ・ロドリゲス・マクロビー、『図説死刑全書　完全版』マルタン・モネスティエ、『世界犯罪百科全書』オリヴァー・サイリャックス（以上、原書房）／『アインシュタインの恋〈上〉』デニス・オーヴァーバイ（青土社）／『ローマのガリレオ—天才の栄光と破滅』ウィリアム・R・シーア、マリアーノ・アルティガス（大月書店）／『ニュートンの錬金術』B・J・T・ドブズ（平凡社）／『ケネディ家の呪い』エドワード・クライン（綜合社）／『ジェヴォーダンの人食い狼の謎』アベル・シュヴァレイ（東宣出版）／『ペストの歴史』宮崎揚弘（山川出版社）／『鉄・仮・面—歴史に封印された男』ハリー・トンプソン（JICC出版局）／『ヴァギナの文化史』イェルト・ドレント（作品社）／『タロット大全 歴史から図像まで』伊泉龍一（紀伊國屋書店）／『ツタンカーメン 死後の奇妙な物語』ジョー・マーチャント（文藝春秋）／『アインシュタインその生涯と宇宙下』ウォルター・アイザックソン（武田ランダムハウスジャパン）／『パリの断頭台〈新装版〉七代にわたる死刑執行人サンソン家年代記 』バーバラ・レヴィ（法政大学出版局）／『セント＝ヘレナ覚書』ラス・カーズ（潮出版社）／『コナン・ドイル伝』ダニエル・スタシャワー（東洋書林）／『ノストラダムス 予言の真実』エルヴェ・ドレヴィヨン、ピエール・ラグランジュ（創元社）／『図解 西洋占星術』羽仁礼（新紀元社）／『ペスト大流行ヨーロッパ中世の崩壊』村上陽一郎（岩波書店）／『裸のアインシュタイン 女も宇宙も愛しぬいた男の大爆発』ロジャー・ハイフィールド、ポール・カーター（徳間書店）

【写真提供】

19ページ：ロイター＝共同、35ページ：Album／National Gallery of Art,Washington DC／共同通信イメージズ、51ページ：ＵＰＩ＝共同、65ページ：The Picture Art Collection／Alamy Stock Photo／共同通信イメージズ、83ページ：Album／共同通信イメージズ、97ページ：ＵＰＩ＝共同、１０７ページ右：Album／Fine Art Images／共同通信イメージズ、１０７ページ左：Pictorial Press Ltd／Alamy Stock Photo／共同通信イメージズ、１６９ページ：共同通信社、２０３ページ：Mary Evans Picture Library／共同通信イメージズ、２４１ページ：Album／Fine Art Images／共同通信イメージズ

本書は、本文庫のために書き下ろされたものです。

# 本当《ほんとう》は怖《こわ》い世界史《せかいし》　戦慄篇《せんりつへん》


著者　堀江宏樹（ほりえ・ひろき）

発行者　押鐘太陽

発行所　株式会社三笠書房

〒102-0072 東京都千代田区飯田橋3-3-1

電話　03-5226-5734（営業部）03-5226-5731（編集部）

http://www.mikasashobo.co.jp

印刷　誠宏印刷

製本　ナショナル製本




ISBN978-4-8379-6865-8 C0130




王様文庫

王様文庫

## ときめく源氏物語

堀江宏樹

姫君たちの、色とりどりに咲き乱れる恋模様。今までで一番セキララな、『源氏物語』解釈！紫の上、夕顔、朧月夜、六条御息所……15人のヒロインたちが、生き生きと語り始める。十二単の下に包まれていたのは、現代と少しも変わらない〝恋に喜び、恋に悩む心〟。

## ちょっとだけ・こっそり・素早く「言い返す」技術

ゆうきゆう

仕事でプライベートで――無神経な言動を繰り返すあの人、この人に「そのひと言」で、人間関係がみるみるラクになる！　＊たちまち形勢が逆転する「絶妙な切り返し術」　＊キツい攻撃も「巧みにかわす」テクニック……人づきあいにはこの〝賢さ〟が必要です！

## いちいち気にしない心が手に入る本

内藤誼人

対人心理学のスペシャリストが教える「何があっても受け流せる」心理学。◎「マイナスの感情」をはびこらせない　◎〝胸を張る〟だけで、こんなに変わる　◎「自分だって捨てたもんじゃない」と思うコツ……etc.「心を変える」方法をマスターできる本！

K30457

## 世界史ミステリー

博学面白倶楽部

歴史にはこんなに〝裏〟がある。だから、面白い！●いったい誰が書いたのか!? マルコ・ポーロの『東方見聞録』●タイタニック沈没にまつわる「浮かばれない噂」●リンカーン暗殺を指示した〝裏切り者〟とは?……浮かび上がる〝謎〟と〝闇〟！

## 日本史ミステリー

博学面白倶楽部

「あの大事件・人物」の謎、奇跡、伝説――「まさか」があるから、歴史は面白い！●最後の勘定奉行に疑惑あり！「徳川埋蔵金」のゆくえ●今なお続く奇習が伝える、平家の落人の秘密●あの武将も、あの政略結婚も〝替え玉〟だった……衝撃と驚愕が迫る！

## 世界遺産ミステリー

博学面白倶楽部

ナスカの地上絵、万里の長城、古都アユタヤ、ヴェルサイユ宮殿、フィレンツェ歴史地区、イースター島のモアイ像……「聞いていた話」と、こんなにも違う！ 数百年、数千年間、遺されてきたのには理由がある。ガイドブックには出てこない、知られざるストーリー！

K30456

王様文庫

大人気! 堀江宏樹の
「本当は怖い」シリーズ!

# 本当は怖い日本史

勝敗と、策略と、
欲望と、裏切りと――

「隠された歴史」にこそ、真実がある。

◆坂本龍馬を暗殺した〝裏切りの人物〟
◆亡き夫・豊臣秀頼の呪いに苦しみ続けた千姫
◆超能力者説が囁かれた聖徳太子の「予言」とは
◆島原の乱を率いた「天草四郎」は、架空の存在?
◆大奥――徳川300年、深窓の〝裏舞台〟

……こんなに恐ろしい、こんなに裏がある!

# 本当は怖い世界史

いつの世も
人間は変わらない

愛憎・欲望・権力・迷信――
こうして、歴史は動いてしまう。

●処女王・エリザベス1世の夢は、夜遅くひらく
●世界一美しい霊廟・「タージマハル」をめぐる愛憎
●ナポレオンもヒトラーも狂わされた「聖遺物」の真実
●虚飾をはぎとられた〝生身の女〟マリー・アントワネット
●ラスプーチン暗殺――怪僧はいかにして絶命したか

……リアルすぎる「人間ドラマ」がここに!

K20049